Trügerische Stille

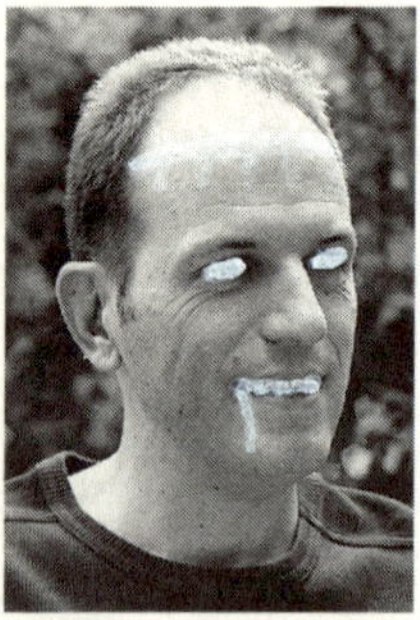

Andreas Steinhöfel, Jahrgang 1962, studierte in Marburg Anglistik, Amerikanistik und Medienwissenschaften. Er arbeitet als Übersetzer, schreibt Drehbücher und rezensiert Jugendliteratur für die FAZ und DIE ZEIT. Vor allem aber ist er Autor zahlreicher national und international ausgezeichneter Kinder- und Jugendbücher.

Für Hiltrud und Margarethe Asbach

Die Sonne hatte seit Wochen von einem wolkenlosen blauen Himmel herab gebrannt. Niemand konnte sich daran erinnern, wann es zum letzten Mal geregnet hatte oder so unglaublich heiß gewesen war. Unter der Hitze hatte sich alles Leben verlangsamt oder war ganz erstarrt. Später sprachen die Menschen von einem Jahrhundertsommer.

Für mich war es immer der Sommer am Waldensee.

Ich habe oft überlegt, warum ich von dem, was damals dort geschah, nie geträumt habe. Aber ich muss nicht träumen um die Bilder jener Tage vor mir zu sehen. Ich muss nur die Augen schließen.

Es wäre nicht richtig zu behaupten, die Dinge hätten damit ihren Anfang genommen, dass ich das Mädchen kennen lernte. Denn alles begann etwas früher. Es begann an dem Tag vor unserer Fahrt in den Urlaub, als ich mit Paps in der Küche stand und abspülte und als plötzlich Oma unangemeldet bei uns auftauchte. Und geendet ... ich glaube, wirklich geendet hat es für mich nie.

Aber das ist eine andere Geschichte.

1

Natürlich fiel Mami erst einen Tag vor der Abreise und kurz vor Ladenschluss ein, dass die Zwillinge für den bevorstehenden Urlaub unbedingt neue Klamotten brauchten. Sie schnappte sich die beiden, fuhr mit ihnen in die Stadt und ließ Paps und mich vor einem meterhohen Abwaschberg in der Küche zurück.

»Typisch Mami!«, sagte Paps mit einem missmutigen Blick auf das schmutzige Geschirr. Er steckte den Stöpsel in den Ausguss, drehte den Wasserhahn auf und griff nach dem Geschirrspülmittel. »Da plant man hin und her und sie schmeißt alles über den Haufen. Dass ich selber noch genug zu tun habe, interessiert deine Mutter nicht die Bohne.«

Er hatte Recht, aber ich gab ihm keine Antwort. Mami erledigte tatsächlich alles auf den letzten Drücker, während für Paps das Prinzip der Planung heilig war. Der daraus resultierende Krieg zwischen Chaos und Ordnung war mir letzten Endes egal, denn unser Leben funktionierte trotzdem. Aber wenn im Verlauf der Kampfhandlungen aus Mami *deine Mutter* oder aus Paps *dein Vater* wurde, war das die unmissverständliche Aufforderung, Stellung zu beziehen – und ein Gefallen, den ich weder Paps noch Mami jemals tat.

»Andererseits«, sagte Paps und warf die erste

Ladung Teller und Tassen in das dampfende Spülwasser, »hätte es auch schlimmer kommen können.«

Das hätte es allerdings. Mami beim Einkaufen zu begleiten war nicht nur in meinen Augen eine Zumutung. Menschenmengen und das Gedränge in Kaufhäusern waren ihr ein Gräuel und sie verhielt sich entsprechend gereizt. Wie ein Schlachtschiff auf Kollisionskurs zog sie durch die Regale, rempelte dabei andere Kunden an und beleidigte die Verkäufer. Das endete meistens ziemlich peinlich.

Die Zwillinge ließ das kalt und das lag nicht nur daran, dass sie erst vier Jahre alt waren. Husch war in Ordnung. Er war ruhig und ausgeglichen und eines dieser Kinder, die von allen Leuten angegrinst werden, weil sie so niedlich sind. Er konnte einen geradezu umwerfenden Charme entwickeln und meistens war es ihm zu verdanken, wenn die Wogen sich glätteten, die das Schlachtschiff hinterließ.

Margarethe war temperamentvoll, sprunghaft und in vielen Dingen das genaue Gegenteil von Husch. Neuerdings hatte sie eine Vorliebe dafür entwickelt in Kaufhäusern so zu tun, als habe sie sich verlaufen. Dann ließ sie sich von wildfremden Menschen aufgabeln und nach einem vorgetäuschten, aber äußerst wirkungsvollen Schreikrampf von der Marktleitung ausrufen.

»Achtung, eine Durchsage. Die kleine – wie heißt du denn, du Schätzchen?«

»Ich will ein Eis!«

»Deine Mami kann dir nachher ein Eis kaufen. Sag mir deinen Namen.«

»Erst das Eis. Sonst heul ich wieder.«

»Also gut, gut, du kriegst ja ein Eis.«

»Mit Vanille und Kirsch?«

»Von mir aus auch mit Vanille und Kirsch!«

»Margarethe Färber.«

»Achtung, eine dringende Durchsage! Die kleine Margarethe Färber sucht ihre Mami. Die kleine Margarethe ...«

Abspülen war weniger nervenaufreibend.

Schillernde Seifenblasen zerplatzten und Gläser klirrten, als Paps die zweite Ladung Geschirr versenkte. Ich trocknete gerade die letzten Tassen ab, als mein Blick durch das weit geöffnete Küchenfenster nach draußen fiel. Vor unserem Haus hatte ein Taxi angehalten.

Paps nahm die Hände aus dem Spülwasser. »Ich glaube, da will jemand zu uns.«

»Scheint so.«

Ich legte das Geschirrtuch beiseite und trat ans Fenster. Es war unübersehbar Oma, die sich dort aus der Beifahrertür des Taxis zwängte. Sie trug ein gelbes Kleid und den riesigen Panamahut, den Mami ihr vor Jahren geschenkt hatte.

Als ich ihr die Haustür öffnete, bemerkte ich sofort, dass etwas nicht stimmte. Ihr rundes Gesicht mit den humorvollen blauen Augen, das normalerweise Gutmütigkeit in alle Himmelsrichtungen ausstrahlte, glich einer düsteren Gewitterfront. Der völlig demolierte Panamahut sah aus, als hätten ein paar wahnsinnig gewordene Hühner darin genistet.

»Guck nicht so!«, schnaubte sie. »Ich hab mich mit Luise geprügelt.«

Sie rauschte in einer Wolke aus gelbem Stoff und Kölnisch Wasser an mir vorbei in den Flur.

»Du hast ... *was?*«

Ich dachte, ich hätte mich verhört. Oma und Luise Rössner waren die besten Freundinnen. Sie kannten sich schon ewig und waren ein Herz und eine Seele, was die meisten Leute kaum für möglich hielten, weil Luise so schrecklich konservativ und Oma für ihr Alter eher unkonventionell war – nicht besonders, aber mindestens im Hinblick auf ihre Kleidung.

Sie nahm den Hut ab und eine Flut silbergrauer, lockiger Haare kam zum Vorschein. Die Haare und ein tiefer Kratzer, der sich quer über ihre linke Wange zog.

»Ist Ingrid zu Hause?«

Ich schüttelte benommen den Kopf und schloss die Tür. »Nur Paps.«

»Auch gut.«

Sie warf den Hut achtlos in Richtung Garderobe und folgte mir in die Küche, wo sie sich schwer auf einen der vor dem Esstisch stehenden Stühle fallen ließ.

Als Paps den Kratzer sah, gingen in seinem Gesicht sofort alle Alarmleuchten an. Er und Oma kannten sich seit zwanzig Jahren, aber in dieser langen Zeit waren sie einander nicht näher gekommen als zwei Ringkämpfer, die sich unablässig umkreisen und von denen jeder auf eine passende Gelegenheit wartet, den anderen in die Knie zu zwingen. Für ihre gegenseitige Abneigung gab es meines Wissens keinen richtigen Grund, außer vielleicht der Tatsache, dass Oma Paps für einen unerträglichen Langweiler und er sie für eine Krawallschachtel hielt. Immerhin hatten es beide geschafft, einen mehr oder weniger stabilen Waffenstillstand zu schließen. Ab und zu kam es sogar zu zaghaften Annäherungsversuchen. Paps und Mami hatten lange darüber debattiert, ob wir Oma in den Urlaub mitnehmen sollten oder nicht. Mami hatte sich durchgesetzt, wie es bei solchen Streitereien fast immer der Fall war. Aber falls Oma jetzt Mist gebaut hatte, würde die Diskussion sofort wieder aufflammen.

Paps deutete auf den Kratzer. »Hast du dich . . . verletzt?«, fragte er vorsichtig.

»Nein. Ich habe Luise zwei Zähne ausgeschlagen. Krieg ich was zu trinken?«

Der Triumph in ihrer Stimme war aufgesetzt und verbarg kaum die darunter liegende Unsicherheit. Paps fiel trotzdem darauf herein. Sein Kinn klappte herab.

Ich reichte Oma ein Glas Mineralwasser.

Sie sahen komisch aus – meine kleine und zu dick geratene Großmutter, die auf dem Stuhl thronte wie die Statue einer griechischen Fruchtbarkeitsgöttin, und daneben Paps, groß, dunkelhaarig und gut aussehend, in einer mit bunten Herzen bedruckten Kittelschürze, unter der seine nackten, kreideweißen Beine herausschauten. Ich kam mir vor wie der Zuschauer eines absurden Theaterstücks.

Paps erholte sich schnell. Lang um den heißen Brei herumzureden war nicht seine Sache, in seinem Leben zählten Fakten. Er trocknete sich die Hände an der Schürze ab und wurde sachlich.

»Warum hat Luise die Prügelei angefangen?«

»Hat sie nicht«, erwiderte Oma trocken.

Paps schloss die Augen, öffnete die Augen und starrte aus dem Fenster hinaus in den sonnenüberfluteten Vorgarten, wo die Bäume ihre trockenen Zweige und Blätter hängen ließen.

»Das heißt, ich habe zuerst zugeschlagen. Aber den Streit vom Zaun gebrochen hat Luise.«

»Ach so ... Und das war Grund genug für eine Schlägerei?«

»Meine Güte, es war ja keine Absicht!« Oma zupfte trotzig an ihrem Kleid. »Sie hat mich eben provoziert.«

»Das will ich auch hoffen! Ich wäre nämlich mehr als beunruhigt, wenn du ihr nur so zum Spaß eine verpasst hättest. Was nicht heißen soll, dass es für diesen Blödsinn eine Entschuldigung gibt. Ganz und gar nicht!«

Paps schwieg um seiner Kritik mehr Gewicht zu verleihen. Oma zuckte nur die Achseln und warf mir einen Hilfe suchenden Blick zu.

Ich konnte selber Hilfe gebrauchen. Ich lehnte mit dem Rücken am Kühlschrank und versuchte mein Weltbild neu zu ordnen. Alte Menschen waren *nett*. Alte Menschen prügelten sich nicht. Alte Menschen saßen friedlich im Park und fütterten irgendwelche blöden Tauben. Oma hatte da bisher keine Ausnahme gebildet.

»Also, womit hat sie dich denn nun provoziert?«

Es war die einzige Frage, die mir einfiel, aber Oma kam nicht dazu, sie zu beantworten. Pola betrat die Küche, ging wortlos ans Spülbecken, kramte ein halbwegs trockenes Glas aus dem Abwasch und füllte es mit Leitungswasser. Sie warf ihre verschwitzten roten Haare in den Nacken und trank ohne abzusetzen aus. Erst dann schien sie uns zu bemerken. Ihr gelangweilter Blick wanderte von Paps zu Oma und von Oma zu mir.

»Ist was?«

»Oma hat Luise Rössner zusammengeschlagen!«

»Oh. Wie aufregend.«

Ich hätte wissen müssen, dass ich sie damit nicht beeindrucken konnte. Pola war fünfzehn, ein Jahr älter als ich, und zur Zeit gab es für sie nur ein Thema: Michael Berg, ein Typ aus dem Jahrgang über ihr, der aussah wie Tom Cruise.

»Hat sie wirklich!«, bekräftigte Paps. »Und allem Anschein nach ist sie darauf auch noch mordsmäßig stolz.«

Oma ignorierte ihn einfach.

Pola hatte wunderschöne grüne Augen. Eben hatten sie noch ironisch gefunkelt. Jetzt glimmte darin ein Funke von Neugier auf. Sie stellte das

Glas ab, wischte sich über den Mund und sah Oma interessiert an.

»Warum?«

»Weil sie dumm ist!«, schnappte Oma. »Und weil sie euren Großvater beleidigt hat«, fügte sie etwas leiser hinzu.

Das war es also. Mit ein wenig Nachdenken wäre ich vielleicht von selbst darauf gekommen. Es gab nicht viel, womit man Oma wirklich gegen sich aufbringen konnte, aber wenn es um Opa ging, musste man sich vorsehen. Auf ihn ließ sie nichts kommen.

Ich hatte meinen Großvater nie kennen gelernt, dazu war er viel zu früh gestorben. Ich kannte ihn nur von einigen vergilbten Fotos – ein großer Mann mit kräftigen Gesichtszügen und weichen, weit auseinander liegenden Augen. Er hatte Lehrer werden wollen, aber bevor er anfangen konnte zu studieren und kurz nachdem er Oma geheiratet hatte, schickten ihn die Nazis an die Front. Anfang 1945 war das gewesen, kurz vor Ende des Krieges. Er verbrachte sechs Jahre in russischer Gefangenschaft. Als er endlich heimkam, hatte er diesen trockenen Husten und wenige Monate später starb er an Lungenentzündung. Ein halbes Jahr darauf wurde Mami geboren.

Wie für alle Menschen, die nicht auf die eine oder andere Weise vom Krieg profitiert hatten, war die Zeit danach für meine Großmutter schlimm gewesen. Sie musste ihre Tochter allein durchbringen und schuftete auf den Feldern wie ein Ackergaul. Später, als sie in einer Schuhfabrik arbeitete, machte sie wie eine Besessene Überstunden um Mami eine ordentliche Ausbildung zu ermöglichen. Ab und zu ließ sie ein Paar Schuhe mitgehen. Sie heiratete nie wieder.

»Womit hat Luise ihn beleidigt?«, fragte Pola.

»Sie hat behauptet, er wäre im Krieg geblieben.«

»Nun ja«, warf Paps ein. Er wusste, dass das ein empfindliches Thema war, und hielt sich entsprechend zurück. »In gewisser Weise ist er das doch, oder?«

»Quatsch!«, brauste Oma auf. »Wie hört sich das denn an? Das klingt doch, als wäre der Krieg ein Ort, an dem man sich aufhält wie in einem Ferienlager. So ein Quatsch!«

Ich bemerkte, dass sie versuchte das Zittern ihrer Hände zu unterdrücken. Sie wollte sich nicht anmerken lassen, wie aufgebracht sie war, und plötzlich hatte ich den unbestimmten Eindruck, als ginge es ihr um viel mehr als nur um Opa. Sie nippte nachdenklich an ihrem Glas, bevor sie leise weitersprach.

»Als er aus der Gefangenschaft zurückkam, war er ein anderer geworden. Ich erkannte ihn kaum wieder. Früher war er lebenslustig, las gerne und er spielte Geige. Danach ... Er hatte entsetzliche Dinge gesehen. Aber Luise behauptete, er habe es sich nicht anders ausgesucht. Woher will sie das wissen? Und ich war so wütend ... Wahrscheinlich lag es an der Hitze.«

»Aber«, sagte Paps, »da ist doch was dran an

Luises Worten. Wenn dein Mann ein anderer geworden war, wie du gesagt hast, dann ist ein Teil von ihm doch tatsächlich im Krieg geblieben. Ich meine, symbolisch gesehen.«

Oma schüttelte den Kopf. »Nein. Du verstehst es nicht. Du verstehst es ganz und gar nicht. Der Krieg ist bei *ihm* geblieben. Deswegen ist er gestorben.«

Sie schwieg und blickte gedankenverloren nach draußen in den blassblauen Himmel. Pola schaute betreten zu Boden, dann verließ sie ohne etwas zu sagen die Küche. Paps räusperte sich, sagte aber ebenfalls nichts. Ich hatte das unangenehme Gefühl, etwas verstehen zu müssen, das ich nicht verstehen konnte, und fragte mich, ob es Luise Rössner vielleicht genauso gegangen war. Ich fuhr langsam mit der Zunge über meine Schneidezähne.

Paps brachte Oma nach Hause, und als er wiederkam, erwähnte er die Angelegenheit nicht mehr. Er erzählte mir nie, was er dachte. Dafür wusste er auch so gut wie nichts über mich, obwohl er sicher das Gegenteil geschworen hätte.

Wir erledigten gerade den Rest des Abwaschs, als Mami in die Küche geschossen kam wie ein schweißnasser Wirbelwind aus Sommerluft und rotblonden Stoppelhaaren. Unter den linken Arm hatte sie eine riesige Einkaufstasche geklemmt. Unter ihrem rechten Arm zappelte Husch. Sein Gesicht war totenbleich und auf seiner Stirn standen feine Schweißperlen. Margarethe trottete hinter den beiden her wie ein anhängliches Hündchen.

»Husch hat ins Auto gekotzt«, keuchte Mami, »und ich werde auf der Stelle *verrückt*, wenn nicht heute noch der Rasen gemäht wird!«

Sie wuchtete die Tasche auf den Tisch, ließ den unglücklichen Husch zu Boden gleiten und drückte ihm das Glas Mineralwasser in die Hand, das Oma stehen gelassen hatte.

»Hier, Schatz, trink was! Und gib Margarethe was ab.«

Keiner hätte Husch und Margarethe für Zwillinge gehalten. Abgesehen von ihren unterschiedlichen Temperamenten waren sich die beiden auch äußerlich nicht ähnlich. Husch war blond und hellhäutig, Margarethe war eher der dunkle Typ. Als Husch durstig das halbe Glas geleert und es ihr gegeben hatte, kippte sie sich den Rest des Wassers ohne eine Miene zu verziehen über den Kopf. Es tropfte von ihren langen Haaren zu Boden.

»Und?«, fragte ich sie.

»Vanille und Kirsch.«

Mami beachtete sie nicht. Sie hatte sich erschöpft in einen Stuhl fallen lassen, war aus ihren Sandalen geschlüpft und massierte sich die Füße.

»Ich hab Harald Rössner getroffen. Er war auf dem Weg ins Krankenhaus. Jemand hat seiner Mutter ein paar Zähne ausgeschlagen oder so was. Ist das nicht ein Ding?« Sie streckte die Beine von sich und wackelte mit den Zehen.

»Die Leute flippen bei dieser Hitze einfach aus. Mama wird Zustände kriegen, wenn sie das erfährt.«

Ich trocknete weiter ab, als hätte ich nichts gehört. Paps murmelte etwas Unverständliches und schrubbte heftig einen nicht besonders stark verschmutzten Teller. Wir hatten Oma versprochen es ihr zu überlassen, Mami von dem Zwischenfall mit Frau Rössner zu berichten.

Mami fächelte sich Luft zu, zerrte an ihrer nassen Bluse und ließ die Augen besorgt über die tadellos saubere Küche schweifen. Vor jedem Urlaub ergriff ein geradezu zwanghafter Putztrieb von ihr Besitz, der sie auch dann noch auf Trab hielt, wenn längst alles gereinigt war.

Sie erhob sich ächzend. »Also, dann mal weiter.«

Husch rülpste laut. Rülpsen war seine neueste Entdeckung und wurde bei jeder sich bietenden Gelegenheit begeistert praktiziert. Für ihn war es eine der wenigen Möglichkeiten, Töne von sich geben zu können.

»Nur Wutzen rülpsen!«, tadelte ihn Margarethe.

Paps warf Mami einen unsicheren Blick zu. Sie presste die Lippen zusammen, schob Husch zur Seite und begann den Inhalt der Einkaufstasche über den Tisch zu verteilen – bunte Shirts und Hemden, Turnschuhe, zwei winzige rote Badehosen, auf die blaue Delphine gestickt waren.

Vor zwei Jahren hatte Paps ein Radio repariert

und dabei vergessen vorher den Netzstecker zu ziehen. Husch lernte gerade laufen und bei einem seiner Gehversuche fasste er in das offene Gehäuse. Vielleicht dachte er, das Ding mit den vielen bunten Knöpfen und Drähten sei ein neues Spielzeug. Jedenfalls katapultierte ihn der elektrische Schlag in die gegenüberliegende Ecke des Zimmers. Als Paps sich zu Tode erschrocken über ihn beugte, flüsterte mein kleiner Bruder nur ein einziges erstauntes Wort: »Husch!«

So kam er zu seinem Spitznamen – eigentlich hieß er Christian – und meine Eltern zu einem Problem. Seit dem Unfall redete Husch nicht mehr. Paps und Mami hatten mehrere Ärzte mit ihm konsultiert, die bei ihren Untersuchungen jedoch alle zu demselben Ergebnis gekommen waren: Husch war vollkommen gesund. Geistig war er sogar weiter entwickelt als andere Kinder seines Alters. Wenn ihm überhaupt etwas fehlte, dann war es die Lust zum Sprechen. Für Mami und Paps war es kein besonders großer Trost, aber immerhin hörte er leidenschaftlich gerne Radio.

Es war noch ein weiteres Problem aufgetaucht: Im Lauf der Zeit hatte Mami Paps für den Unfall verantwortlich gemacht, und obwohl das Unglück schon lange zurücklag, ließ sie es ihn in Momenten wie diesem immer noch spüren.

Sie hatte die Kleidungsstücke ordentlich gestapelt und nahm mir das Geschirrtuch ab.

»Logo, tu mir einen Gefallen und mäh den Rasen. Das Gras steht sonst meterhoch, wenn wir wiederkommen.«

Logo war die unauffällige Abkürzung für Lobegott. Den Namen verdanke ich einer Sektlaune von Paps und Mami, für die ich beide schon oft genug heimlich verflucht habe.

»Nun geh schon, bitte! Und nimm die Zwillinge mit.«

Ich seufzte. Rasenmähen bei dieser Hitze kam einem Todesurteil gleich und Husch und Margarethe dabei zu beaufsichtigen machte die Sache nicht angenehmer.

»Na los, ihr Zwerge«, scheuchte ich die zwei widerwillig vor mir her. »Ab nach draußen!«

Es war nicht ganz so schlimm, wie ich erwartet hatte. Die Zwillinge hatten sich bereits beim Einkaufen ausgetobt und auch die Hitze ließ sich aushalten. Die Sonne stand auf der anderen Seite des Hauses und warf lange Schatten über den Garten.

Ich mochte unser Haus nicht besonders. Mit seinem Giebeldach, den beiden Stockwerken und dem nach hinten gelegenen Garten entsprach es einem Baustil, der typisch war für die Zeit des Wirtschaftswunders und typisch für unsere Straße. Wann immer ich es von außen betrachtete, kam es mir vor wie ein zu enger Käfig. Innen verwischte sich dieser Eindruck. Die meisten Zimmer hatten zwar nur kleine Fenster, waren dafür aber hell tapeziert. Außerdem hatte

Paps einige Wände durchbrochen und die Fensterscheiben im Wohnzimmer waren durch eine riesige Glasfront ersetzt worden, hinter der der Garten lag. Es war immer noch ein Käfig, aber einer mit Aussicht.

Während der Rasenmäher brummte und zerhacktes Gras in die Luft spuckte, dachte ich nach. Was Oma erzählt hatte, ging mir nicht aus dem Sinn. Zum ersten Mal fiel mir auf, wie wenig ich wirklich über sie wusste. Ich hätte nie geglaubt, dass ihr verstorbener Mann noch so viel Raum in ihren Gedanken einnahm. Schließlich war er seit mehr als vierzig Jahren tot. Fotos brauchten weniger Zeit um zu vergilben. Ich fragte mich, ob Oma oft an ihn dachte. Ob sie ihn noch immer vermisste.

Nachdenklich stellte ich den Rasenmäher ab und beobachtete die Zwillinge. Husch hatte sich verblüffend schnell von seiner Übelkeit erholt. Er warf sich mit Schwung in den kleinen Grashaufen, den Margarethe pflichteifrig unter einem der vielen Apfelbäume zusammengetragen hatte. Margarethe stemmte empört die Hände in die Hüften, wie sie es bei Mami beobachtet hatte. Ein paar Blätter sprenkelten helle Schatten auf ihr hübsches Gesicht mit den haselnussbraunen Augen.

»Nicht, du Dummi!«

Sie holte aus und schlug Husch auf den Kopf.

Husch runzelte die Stirn. Einen Moment lang schwankte er unentschieden zwischen Lachen und Weinen. Dann lachte er.

Ich warf den Rasenmäher wieder an.

2

Meistens polterte Mami bereits mit einer Mischung aus guter Laune und ungebremstem Tatendrang durch das Haus, wenn der Rest der Familie sich gerade erst aus den Betten quälte. Es konnte passieren, dass man um fünf Uhr morgens vom Staubsauger oder vom Schleudergang der Waschmaschine aus dem Schlaf geschreckt wurde oder davon, dass mitten in der Nacht Töpfe schepperten und Gläser klirrten, weil sie plötzlich auf die Idee gekommen war, Obst einzukochen.

Am Morgen der Abreise wurde ich ausnahmsweise nicht durch ihren Lärm geweckt, sondern von der außergewöhnlichen Ruhe, die über dem Haus lag. Ich öffnete die Augen und blinzelte zur Zimmerdecke. Es war nicht Mamis Art, am ersten Urlaubstag zu verschlafen. Wahrscheinlich stand sie seit Stunden vor einer Bäckerei und verfluchte deren Inhaber dafür, dass er seinen Laden erst um sieben Uhr öffnete. Ich sah auf den Wecker, der neben meinem Bett auf dem Boden stand. Viertel vor.

Ich rappelte mich auf, ging ans Fenster und beugte mich hinaus. Im frühen Sonnenlicht lag die Straße unter mir wie ausgestorben. Über die bunten Blumenbeete in den Vorgärten der dicht aneinander gereihten Häuser strich warmer Wind. In wenigen Stunden würde er unerträglich heiß sein. In wenigen Stunden würde *ich* durch das Wasser des Waldensees schwimmen, dann konnte mir die verfluchte Hitze den Buckel runterrutschen. Der Gedanke daran machte mich hellwach. Ich schlüpfte in T-Shirt und Boxershorts und stürmte aus dem Zimmer hinaus ins Treppenhaus.

Um ein Haar wäre ich über Margarethe gestürzt. Sie hockte auf der obersten Treppenstufe, nackt bis auf ihre neue rote Badehose, und summte gedankenverloren eine traurige kleine Melodie. In der einen Hand hielt sie den Rest einer dick mit Marmelade bekleisterten, angebrannten Scheibe Toast, in der anderen ein Glas Milch. Versunken in ihre Musik wiegte sie sich leicht hin und her und starrte verträumt in die Luft. Das Summen verstummte, als ich mich neben sie setzte und sie angrinste.

»Was machst du denn schon so früh hier?«

»Essen.«

So viel hatte ich auch schon bemerkt. Ungefähr die Hälfte ihres einsamen kleinen Frühstücks klebte in Margarethes Gesicht und in dem Wasserfall schwarzer Haare, der sich über ihre Schultern ergoss.

»Noch jemand wach außer dir?«

»Nur Mami. Sie holt Oma ab.«

Ein Klacks Marmelade rutschte ihr von der Backe und landete auf einem Knie. Sie beugte sich nach vorne, leckte ihn sorgfältig ab und sah mich an.

»Wann fahren wir?«

»Dauert noch eine Weile ... Lässt du mich mal beißen?«

Sie nickte und hielt mir den Toast unter die Nase.

Mami hatte sich in den Kopf gesetzt uns zu einem Höchstmaß an Selbstständigkeit zu erziehen. Sie legte größten Wert darauf, dass jeder von uns, die Zwillinge eingeschlossen, sich selber sein Frühstück machte. Sie erledigte alle Einkäufe und sie hätte uns auch nicht verhungern lassen, wenn es darauf angekommen wäre. Aber im Großen und Ganzen waren wir auf uns allein gestellt.

»Wann ist sie weggefahren?«, fragte ich kauend.

»Vorhin.« Margarethe trank einen Schluck Milch. Sie stellte das Glas ab und sah mich ernst an. »Logo?«

»Hm?«

»Kann ich Flossie mitfahren?«

»Mitnehmen, oder ohne ›ich‹. Ich weiß nicht. Frag Paps.«

Flossie war ein unglaublich hässlicher Goldfisch mit hektisch wedelnden Flossen und müden Glupschaugen und ich hatte nie verstanden, was Margarethe an ihm so toll fand. Sie konnte Stunden vor seinem Aquarium verbringen ohne sich dabei zu langweilen.

»Und wenn ich nicht darf?«

»Dann bleibt Flossie zu Hause und Frau Gebhard von nebenan wird sich um ihn kümmern.«

Margarethe trank schweigend einen weiteren

Schluck Milch. Ich legte ihr einen Arm um die Schultern und sie presste sich dicht an mich. »Schatz, mach dir keine Gedanken! Du kannst doch bestimmt drei Wochen ohne Flossie auskommen, oder?«

Sie schob sich nachdenklich das letzte Stück Toast in den Mund, kaute und überlegte, kaute und überlegte.

»Das macht mir gar nix«, sagte sie schließlich.

Aber als ich in der Küche stand um mir selber Frühstück zuzubereiten, hörte ich sie wieder summen. Leise, geisterhaft und trauriger als zuvor schwebte die Melodie durch das stille Haus.

Eine Stunde später standen Oma und ich auf der Straße und schauten Paps beim Beladen des VW-Busses zu. Der Wagen war ein echtes Fossil, alt, klapprig und voller Rostflecken, die unter dem grünen Lack hervorschauten. Für den Urlaub war er genau richtig. Mit sieben Personen und Gepäck hätten wir niemals in den Kombi gepasst, den wir sonst benutzten.

Etwas weiter abseits stand der Anhänger mit dem Segelboot. Die *Lavinia* war eine kleine, eigentlich nur für zwei Leute gedachte Jolle, trug aber spielend auch drei Personen. Papa segelte leidenschaftlich gern. Es war das einzige Hobby, das er und ich teilten.

Es war gerade erst acht Uhr, doch die Sonnenstrahlen stachen bereits wie durch ein Brennglas gebündelt vom Himmel herunter. Paps hatte so wie ich nur Shorts und ein weißes T-Shirt an.

Oma trug ein rosa Kostüm und ein dazu passendes Hütchen. Sie sah aus wie eine Karikatur der englischen Königinmutter.

»Wie geht's Frau Rössner?«, fragte ich sie.

Sie biss kräftig in ein frisches Brötchen, das sie aus der Küche mitgebracht hatte. »Ich hab die zwei letzten gesunden Zähne erwischt, die sie noch hatte«, erklärte sie mit vollem Mund. »Jetzt kriegt sie ein komplett neues Gebiss. Teurer als meins, wahrscheinlich.«

»Wie schön für sie!«, giftete Paps. Auf seiner Stirn stand glänzender Schweiß. Er schob Omas Reisetasche in den schon reichlich voll gestopften Bus und packte einen Koffer drauf. Das Resultat war mehr als wackelig. »Wenn ich du wäre, würde ich mich schämen.«

Die Königinmutter ließ das Brötchen sinken. »Ich hab mich schon geschämt«, erwiderte sie würdevoll.

Sie war noch gestern Abend mit einem großen Blumenstrauß bei Luise Rössner aufgekreuzt um sich in aller Form bei ihr zu entschuldigen. Frau Rössner hatte erst geweint und sie beschimpft, dann hatte sie zur Feier der Versöhnung eine Flasche Sekt springen lassen. Oma hatte, reichlich angetrunken, zum zweiten Mal an diesem Tag ein Taxi nehmen müssen.

Sie hatte Mami die ganze Geschichte gebeichtet, bevor sie bei uns eingetrudelt waren. Mamis Reaktion war erstaunlich gelassen ausgefallen. Sie hatte lediglich gesagt, Oma sei alt genug um zu wissen, was sie tue. Wahrscheinlich wollte sie keinen Streit vom Zaun brechen, bevor wir überhaupt losgefahren waren.

Paps zerrte Koffer und Reisetaschen wieder aus dem Bus und versetzte beiden einen ungeduldigen Tritt.

»Pass auf mit der Tasche«, sagte Oma besorgt.

»Ja, ja. Meldest du den Fall deiner Versicherung?«

Seine Frage entsprang professionellem Interesse. Papa war Vertreter bei einer Versicherungsagentur.

»Weiß nicht.« Oma schob ihren Hut zurecht. »Ich müsste ein bisschen schummeln, nicht? Ich müsste behaupten, es wäre ein Unfall gewesen oder so was.«

Es war ein klassischer Annäherungsversuch.

»Genau«, sagte Paps. Diesmal landete der Koffer unten und die Reisetasche oben. Er trat einen Schritt zurück und betrachtete zufrieden das Ergebnis seiner Bemühungen, das genauso wackelig war wie zuvor. »Soll ich dir dabei helfen? Unfallhergang und solche Sachen?«

»Das wäre sehr nett.«

»Gemacht.« Er schubste die Reisetasche vorsichtig an. Sie kippte nach links. »Das ist doch ...! Logo, gib mir mal den Liegestuhl. Nein, lass mich das machen! Geh rein und sag Bescheid, dass wir bald fahren können.«

»Okay.«

Ich hatte die Koffer und allen möglichen Krempel aus dem Haus geschleppt, ohne dass Paps einen Finger rühren musste. Er hatte den halben Hausstand verpackt, als wollten wir zum Camping fahren und nicht in ein Ferienhaus. Wenn er das Beladen des Busses jetzt unbedingt allein übernehmen wollte, würde ich ihn nicht aufhalten. Paps hatte seine kleinen Eitelkeiten, zu denen es gehörte, den Organisator zu spielen, wann immer er konnte.

Ich ließ ihn und Oma auf der Straße stehen und ging langsam auf das Haus zu. Hinter mir ertönte ein dumpfer Laut, als die Reisetasche aus dem Bus heraus auf die Straße fiel. Etwas klirrte.

»Scheiße!«, fluchte Paps.

»Kölnisch Wasser«, sagte Oma ruhig.

Aus dem Wohnzimmer leuchteten mir Huschs blonde Haare entgegen. Er kniete auf dem hellen Teppichboden, zwischen Kiefernmöbeln und Polstersesseln, und blätterte in einem Bilderbuch. Mamis Selbstständigkeitsgebot entsprechend, hatte er sich allein angezogen. Wie er die Fahrt in Pullover, Jeans und Gummistiefeln überstehen wollte, war mir allerdings ein Rätsel.

»Husch?«

Er sah von dem Buch auf, das sich bei näherer Betrachtung als der Bildband über das Weltall entpuppte, den Paps und Mami mir zum Geburtstag geschenkt hatten. Einzelne Planeten schwebten wie bunte Bälle vor einem schwarzen Hintergrund.

»Wir fahren bald. Bist du fertig?«

Er nickte.

»Fein. Hast du Margarethe gesehen?«

Er deutete zum Fenster hinaus und lächelte mich an, bevor er seine Aufmerksamkeit wieder dem Buch zuwandte.

Ich hatte mich schon so sehr an Huschs wortlose Antworten gewöhnt, dass mir seine Stummheit kaum noch auffiel. Aber es gab Augenblicke wie diesen, in denen ich überlegte, was er damals wohl gefühlt hatte, als seine kleine Welt für Sekunden in einem heftigen Stromschlag untergegangen war.

Nichts, um das man ihn beneiden würde, nahm ich an.

Ich stieg über ihn hinweg und ging durch die offen stehende Verandatür in den Garten. Für einen kurzen Moment fiel mein Blick auf ein flirrendes Spiegelbild im Glas, auf kurze, dunkle Haare und ein kantiges Gesicht mit blauen Augen.

Kinderaugen, hätte Mami gesagt.

Margarethe saß in den untersten Zweigen eines Apfelbaums, eine beleidigte Leberwurst in roter Badehose. Vor einer guten Stunde, nachdem Papa ihr verboten hatte Flossie mitzunehmen, war sie schimpfend wie ein Rohrspatz aus dem Haus gestapft. Wahrscheinlich hatte sie seitdem auf dem Baum gesessen und über die Ungerechtigkeit der Welt nachgedacht. Wenn sie eingeschnappt war, konnte sie schrecklich ausdauernd sein.

»Hey, Margarethe, komm da runter! Paps ist gleich mit dem Packen fertig.«

Die Wut in ihren Augen flammte sofort wieder auf. Ein unreifer grüner Apfel zischte auf mich zu und verfehlte meinen Kopf nur um Millimeter.

»Paps ist doof!«

»Ich weiß. Und jetzt komm runter.«

»Nein! Ich bleibe mit Pola hier.«

»Niemand bleibt hier, auch Pola nicht.«

»Tut sie doch! Sie hat sich zugeschlossen.«

»Eingeschlossen«, verbesserte ich sie. »Nun komm endlich von diesem verdammten Baum runter, sonst wachsen dir morgen Äpfel aus den Ohren.«

Sie schoss einen vernichtenden Blick auf mich ab, der ausgereicht hätte das Haus in Schutt und Asche zu legen. Dann sprang sie mit sichtbarem Widerwillen auf den frisch gemähten Rasen und schlappte über die Veranda hinter mir her ins Wohnzimmer. Sie blieb neben Husch stehen, der immer noch in das Buch vertieft war. »Ich kann Paps nicht leiden«, zeterte sie weiter.

»Kannst du doch. So, ihr zwei bleibt hier und rührt euch nicht von der Stelle. Ich geh rauf und hole Pola.«

»Mami ist schon oben.«

Na prima, dachte ich.

Pola war von Anfang an gegen den Urlaub gewesen. Sie hatte fast auf Knien gebettelt allein zu Hause bleiben zu dürfen. Die Sache war ganz klar: Sie wollte nicht mitfahren, weil sie dann Michael Berg drei Wochen lang nicht sehen würde. Aber weder Paps noch Mami hatten mit sich reden lassen. Was die Familie betraf, hatten beide eine eiserne, ausnahmslose Regel: Niemals einsam, immer gemeinsam.

Als ich im ersten Stock ankam, stand Mami vor Polas Zimmertür. Sie hatte ein Ohr an das Holz gelegt und nestelte nervös an ihrem geblümten Sommerkleid herum.

»Jetzt reicht's, Pola!«, rief sie. »Komm sofort da raus oder es passiert was!«

Pola gab keine Antwort. Paps hätte das noch mehr in Rage gebracht, aber Mami war nicht Paps. Sie holte tief Luft und schluckte ihre Wut einfach runter.

»Schatz, nun sei doch mal vernünftig! In drei Wochen sind wir schon wieder hier. Du wirst sehen, die Zeit vergeht wie im Flug!«

Ich war noch nie verliebt gewesen, aber mir war trotzdem klar, dass Mami Blödsinn erzählte. Der Urlaub würde für Pola mindestens ebenso lang dauern wie für die von ihrem geliebten Flossie getrennte Margarethe: eine Ewigkeit.

»In drei Wochen kann sonst was passieren«, sagte Pola hinter der Tür. Sie war ebenso ruhig wie Mami. »Susanne Bentz wartet nur darauf, ihn endlich in die Finger zu kriegen.«

Mami nutzte das Argument geschickt aus. »Wenn dein Stefan es keine drei Wochen aushält ohne sich nach anderen Mädchen umzusehen kannst du ihn sowieso vergessen.«

»Er heißt Michael!«, rief Pola beleidigt.

»Verdammt!«, flüsterte Mami. Sie sah mich fragend an. »Ich dachte, Stefan.«

»Stefan war vor vier Wochen«, erklärte ich. »Paps hat gesagt, wir können bald fahren.«

»Ist gut.« Ihre Stimme wurde lauter. »Tut mir Leid, Pola, dann eben Michael! Nun mach schon die Tür auf! Wenn du dich weiter so aufregst, kriegst du nur Pickel.«

»Ich reg mich nicht auf.«

»Wie du willst. Ich kann warten.«

Die ganze Auseinandersetzung war Schwachsinn. Früher oder später würde Pola sowieso nachgeben und was blieb ihr auch anderes übrig? Sie und Mami hatten ein gemeinsames Problem, und das waren ihre Dickköpfe. Falls Papa nicht dazwischenging, konnte es noch ewig dauern, bis der Kampf an der Tür beendet war. Und darauf konnte ich genauso gut draußen im Bus warten.

Am Fuß der Treppe kamen mir die Zwillinge entgegengelaufen. Husch umklammerte mit beiden Händen den Bildband über das Weltall. Margarethe schien Flossie endlich vergessen zu haben und vom Reisefieber gepackt worden zu sein.

»Ich muss noch was holen«, rief sie. »Und Husch will wissen, ob er das Buch mitnehmen darf. Er will nämlich Askronaut werden.«

»As*t*ronaut.«

Keine Ahnung, woher sie das schon wieder wusste. Manchmal war es fast unheimlich, wie gut Margarethe die Gedanken ihres Bruders kannte, und ebenso faszinierend war es, wie gut Husch es verstand, sich ihr mitzuteilen. Ich hatte schon oft überlegt, ob zwischen den beiden so etwas wie eine telepathische Verbindung bestand. Schließlich hatten sie über neun Monate ziemlich dicht aneinander gehangen und kannten einander länger als den Rest von uns.

»Darf er?«, drängelte Margarethe.

»Von mir aus, nimm es mit, Husch. Aber schmier bloß nicht drin rum, sonst werd ich sauer!«

Er strahlte mich an.

»Und zieh diesen Pullover aus! Du schwitzt ja jetzt schon wie bescheuert. Ich hab keine Lust, nachher auf jeder Seite deinen Sabber zu finden!«

Die letzten Worte musste ich ihm nachrufen. Er und Margarethe waren pfeilschnell an mir vorbei die Treppen hinaufgeturnt.

Ich wollte das Buch ohnehin mitnehmen und außerdem einen Himmelsatlas und ein Fernrohr um die wenigen Sternbilder auswendig zu lernen, die ich noch nicht kannte. Der Waldensee lag nur wenige Autostunden entfernt und der Nachthimmel würde dort nicht wesentlich anders aussehen als über unserer Stadt. Aber er würde klarer sein.

Meine Pläne für den Urlaub standen fest: Ich würde segeln und schwimmen, die Sterne beobachten, in der Sonne braten und Comics lesen. Und sollte mir der Sinn nach etwas anderem stehen, konnte ich mir immer noch einen von Omas Krimis ausleihen, die sie dutzendweise verschlang.

Als ich auf die Straße trat, sahen Paps und Oma mir erwartungsvoll entgegen. Bis auf die beiden Klappstühle, auf denen sie in gebührendem Abstand voneinander saßen, war alles verpackt. Der Bus war bereit zur Abfahrt, der Anhänger mit der *Lavinia* angekoppelt.

»Na, alles klar?«, rief Paps.

Ich dachte an Mami und Pola, die sich wahrscheinlich immer noch stritten, an Husch in seinen Wintersachen, an Margarethe und Flossie und an den brüchigen Waffenstillstand zwischen Oma und Paps.

»Sicher«, rief ich zurück. »Alles in Ordnung.«

3

Durch die geöffneten Fenster wehte der Fahrtwind ins Wageninnere und zerzauste uns die Haare. Rostig gelbe Kornfelder und ausgetrocknete Wiesen säumten die kaum befahrene Landstraße und am Horizont verschmolz der endlos blaue Himmel mit den ersten sich verschwommen abzeichnenden Hügeln des Mittelgebirges.

Irgendwo dahinter lag der Waldensee.

»Die Welt ist unser!«, rief Paps gut gelaunt. Er nahm eine Hand vom Lenkrad und machte eine weit ausholende, alles umfassende Geste. »Drei Wochen lang nichts als Sommer, Sonne, Segeln!«

»Und was sonst noch so anfällt«, fügte Mami mit einem anzüglichen Grinsen hinzu. Sie saß mit angezogenen Beinen neben ihm auf dem Beifahrersitz. Ihr Kleid war verrutscht und entblößte einen nackten Oberschenkel.

Oma, die sich bisher darauf beschränkt hatte, ihr Hütchen festzuhalten, gab ein unwilliges Knurren von sich. »Muss das sein, vor den Zwillingen?«

Ihre Sorge war unbegründet. Margarethe saß neben mir, gebannt von einem doppelseitigen Bild des Uranus in dem Buch über das Weltall, das sie Husch abgeschwatzt hatte. Husch hockte zwischen Oma und Pola hinter uns auf dem Rücksitz. Sein ganzes Interesse galt der vorüberziehenden Sommerlandschaft. Er hatte Jeans und Pullover gegen die neue Badehose eingetauscht, aber dafür die Gummistiefel anbehalten.

»Wir reden ja nur darüber und tun es nicht«, beantwortete Mami Omas Einwand. »Jedenfalls nicht hier und jetzt. Und an den Realitäten des Lebens ist noch keiner gestorben.«

Paps, der Fachmann für alles, einschließlich der Realitäten des Lebens, legte lachend eine Hand auf ihr Bein.

»Sehr witzig«, murmelte Pola.

Es waren ihre ersten Worte seit der Niederlage gegen Mami und der anschließenden Abfahrt. Meine schöne Schwester war immer noch sauer und die Aussicht darauf, mir in den kommenden Tagen ihr Gemaule anhören zu müssen, verpasste meiner Vorfreude auf den Urlaub einen ziemlichen Dämpfer. Bis sie damit angefangen hatte, sich alle vier Wochen in einen neuen Tom Cruise zu verknallen, hatten Pola und ich uns immer gut verstanden. Mittlerweile ging ihr ewiges Getue um Herz und Schmerz mir nur noch auf die Nerven.

Husch beugte sich über den Sitz und tippte Margarethe ungeduldig auf die Schulter. Ohne den Blick vom Buch zu nehmen übersetzte sie: »Husch will wissen, wie lange es noch dauert.«

Paps sah auf die Uhr. »Noch gut drei Stunden.«

»Drei Stunden sind wie sechs Folgen Sesamstraße«, erklärte Margarethe stolz.

»Woher weißt du das?«, fragte ich.

»Von Ernie und Bert.«

Oma wurde sofort wieder misstrauisch. »Wer sind Ernie und Bert?«

»Böse Männer, die es auf kleine Mädchen abgesehen haben«, antwortete Paps. Er betätschelte immer noch Mamis Bein.

»Blödes Machogeschwätz«, hörte ich Pola hinter mir flüstern. »Zum Kotzen.«

Trotz der offenen Fenster erfüllte irgendwann eine ermüdende Hitze den Bus. Das gleichmäßige Summen der Räder auf dem Asphalt und das tiefe Brummen des Motors taten ein Übriges. Husch schlief ein, den Kopf auf Omas Schoß gebettet. Margarethe blätterte sich weiter durch das Weltall. Oma, Pola und ich hingen unseren eigenen Gedanken nach und Paps unterhielt sich leise mit Mami. Von Zeit zu Zeit sah er in den Rückspiegel um sicher zu gehen, dass nicht einer der Koffer oder der Anhänger mit der *Lavinia* sich selbstständig machten.

Wir waren seit gut einer Stunde unterwegs, als Margarethe das Buch abrupt zuklappte, zur Seite legte und behutsam einen Kleinen, orangefarbenen Klumpen aus ihrer Badehose hervorzauberte. Sie legte ihn auf eine Handfläche und stupste ihn an. *Ich muss noch was holen*, hatte sie gesagt, als ich ihr und Husch im Treppenhaus begegnet war. Jetzt wusste ich, was es gewesen war.

»O Scheiße!«, entfuhr es Pola, die ihr von hinten über die Schulter schaute.

Der Klumpen auf Margarethes Hand war Flossie. Seine roten Glupschaugen starrten, von einem trüben Schleier überzogen, ins Leere. Der goldbeschuppte Körper glänzte matt. Margarethe gab ihm einen weiteren Stups, bevor sie begriff, was geschehen war, und ihre Augen sich erschrocken weiteten.

Polas Ausruf hatte Mami herumfahren lassen. Sie erfasste die Lage sofort. »Herrgott, Margarethe! Was hast du nun wieder angestellt?«

»Ich wollte ihn mitnehmen«, sagte Margarethe mit zitterndem Kinn. »Und jetzt ist er tot.«

»Also wirklich! Du weißt doch, dass ein Fisch Wasser zum Atmen braucht. Du hättest ihn nicht in die Badehose stecken dürfen!«

Margarethe fing an zu weinen.

Paps sah beunruhigt in den Rückspiegel. Das schlechte Gewissen hatte sich auf ihn herabgesenkt wie eine dunkle Wolke. Flossies Aquarium mitzunehmen wäre kein Problem gewesen, hatte aber nicht in seine Planung gepasst.

»Was ... was sollen wir denn nun mit ihm machen?«, fragte er Margarethe über ihr Weinen hinweg.

Genauso gut hätte er gegen eine Wand sprechen können. Seine jüngste Tochter hielt den Blick fest auf den toten Goldfisch gerichtet und strafte Paps mit Nichtachtung.

»Aus dem Fenster schmeißen«, meinte Pola nüchtern. »Bevor er anfängt zu stinken.«

Der Vorschlag trug ihr einen bösen Blick von Oma ein.

»Ich will ihn vergraben«, sagte Margarethe entschlossen.

»*Be*graben«, verbesserte ich sie automatisch und hätte mir im selben Moment am liebsten auf die Zunge gebissen.

Pola, die Flossie nie hatte leiden können, schüttelte angewidert den Kopf.

»Das kannst du auch, Schatz.« Mami öffnete das Handschuhfach, kramte eine leere Zigarettenschachtel daraus hervor und reichte sie Margarethe nach hinten. »Bis wir angekommen sind, legst du ihn einfach hier rein.«

»Hier.« Oma zerrte nervös ein sauberes, weißes Taschentuch aus ihrer Handtasche. »Damit er es schön weich hat.«

Keine von ihnen kam auf die Idee, ihren Platz mit mir zu tauschen und Margarethe zu trösten. Mir fiel nicht zum ersten Mal auf, dass sowohl Mami als auch Oma auf Tränen seltsam hilflos reagierten; entweder mit Sarkasmus, wie er sich in Polas Bemerkung widerfand, man solle Flossie aus dem Fenster werfen, oder mit betonter Sachlichkeit.

Margarethe wickelte Flossie schniefend in das Taschentuch und stopfte das Bündel in die Zigarettenschachtel. Sie wendete den kleinen mit Cellophanpapier umhüllten Sarg mehrmals ratlos in den Händen hin und her.

»Na komm.«

Ich nahm sie in die Arme, wie ich sie schon am Morgen auf der Treppe in den Arm genommen hatte. Ich spürte ihren heftigen Herzschlag, als sie sich an mich kuschelte, und fühlte mich dabei nicht besonders wohl in meiner Haut. Margarethe weinte leise und ihr stiller Kummer ging mir näher, als wenn sie lauthals geheult hätte. Es dauerte ewig, bis die Tränen von einem trockenen Schluchzen abgelöst wurden, und es dauerte noch einmal so lange, bis das Schluchzen in einen Schluckauf überging. Schließlich fielen ihr vor Erschöpfung die Augen zu.

Ich war froh, dass Husch alles verschlafen hatte. Paps fuhr weiter, die Hände um das Lenkrad verkrampft. Mami betrachtete ihre Fingernägel und sagte kein Wort.

So viel zu den Realitäten des Lebens, dachte ich.

Die Straße hatte sich schon seit geraumer Zeit an dem kupfern glänzenden Band einer Eisenbahnlinie entlanggeschlängelt, als endlich ein Schild auftauchte: *Waldenburg, 14 km*. Kurz darauf wurden die Gleise von den leuchtend grünen Hügeln verschluckt und Paps bog nach rechts ab.

»Das hätten wir so gut wie geschafft«, verkündete er mit gezwungener Fröhlichkeit. »Gleich beginnt der See.«

Keiner von uns reagierte auf seine Worte. Seit Flossie in den behelfsmäßigen Sarg gesteckt worden war, hatte sich eine unangenehme Stille im Bus breit gemacht. Margarethe hielt selbst im Schlaf die Zigarettenschachtel fest in ihren verschwitzten Händen. Ich überlegte, ob es einen unglücklicheren Auftakt für einen Urlaub geben konnte als einen toten Goldfisch. Pola hätte eine Antwort darauf gewusst: zwei tote Goldfische.

Vom Waldensee war immer noch nichts zu sehen. Dafür wurde die Straße enger und stieg dabei langsam an. Nachdem sie einen Knick gemacht hatte, verschwand sie zwischen meterhohen Felswänden auf der linken und dicht geschlossenen Baumreihen auf der rechten Seite. *Wie der Eingang zur Höhle Ali Babas*, dachte ich.

Unregelmäßige Schatten tanzten auf dem Asphalt. Ab und zu blitzte es hell zwischen den Zweigen der Bäume auf, die den Blick auf den See versperrten, und als sie ihn unvermittelt freigaben, reichte die Zeit kaum aus um sich ein Bild machen zu können. Glitzerndes Wasser, über das sich strahlend blau der Himmel wölbte, ein einsames Segelboot und eine sanft geschwungene Hügelkette auf der anderen Uferseite waren alles, was ich sah, bevor die Baumreihen sich wieder schlossen.

»Meine Damen und Herren«, verkündete Paps im Tonfall eines begeisterten Reiseführers, »der Waldensee.«

Pola gab einen verächtlichen Laut von sich.

»Fünfzehn Kilometer lang und an seiner breitesten Stelle eintausend Meter breit«, fuhr Paps unbeeindruckt fort. »Besonders tief ist er allerdings nicht.«

»Der Wasserspiegel hat beinahe die normale

Höhe«, bemerkte Mami. »Müsste nicht viel weniger Wasser drin sein bei der Hitze in diesem Sommer?«

»Außer der Walde fließen ja noch ein paar kleinere Flüsse in den See.« Paps schien sichtlich erleichtert dem anhaltenden Schweigen endlich ein Ende bereiten zu können. »Der Pegel wird trotzdem weiter sinken, wenn es nicht bald kräftig regnet oder – he, schaut mal!«

Bis jetzt war die Straße ständig weiter angestiegen. Hinter der Kuppe, die wir soeben überquert hatten, führte sie entgegen meiner Erwartung nicht nur plötzlich wieder bergab, sondern beschrieb dabei auch eine scharfe Linkskurve. Ihre dem See zugewandte Seite ging in den abgeflachten Gipfel eines Felsens über und bildete so eine Art Aussichtsplattform. Sie war gerade breit genug um zwei oder drei Wagen Platz zum Parken zu bieten und nicht durch Leitplanken abgesichert.

»Nicht ungefährlich«, sagte Oma, als die Kurve hinter uns lag. »Wenn da einer drüberrauscht . . .«

»Nicht ungefährlich«, wiederholte Paps. »Aber ein fantastischer Ausblick, oder? Habt ihr die Ferienhäuser gesehen? Vielleicht sollte ich umdrehen und –«

Seine Worte gingen in einem dumpfen, kaum hörbaren Knall unter, als der linke Vorderreifen des Busses platzte. Mami schrie auf. Der Anhänger mit der *Lavinia* schlenkerte heftig hin und her, als der Wagen einen ruckartigen Satz nach vorn machte. Mir rutschte das Herz bis in die Füße.

»Verdammt!«

Paps wusste, wie man eine Unfallversicherung an den Mann brachte, aber davon, wie man einen drohenden Unfall vermied, hatte er keine Ahnung. Er hielt das Lenkrad fest umklammert, während der Wagen polternd und im Zeitlupentempo auf die Gegenfahrbahn und die sie begrenzende Felswand zuschlitterte.

Mami drückte sich etwas tiefer in den Beifahrersitz. »Fuß vom Gas«, sagte sie. »Und nur keine Aufregung.«

»Gegenlenken«, schlug Oma von hinten vor.

»Blödsinn«, sagte Mami. »Vorsichtig bremsen.«

»Was denn jetzt?«, fragte Paps nervös.

Der Bus war inzwischen gefährlich nah an die Felswand geraten. Was immer von dem geplatzten Reifen noch übrig war – die Felge, nahm ich an – knirschte mit metallischem Kratzen über den Asphalt und machte dabei einen Höllenlärm.

»Wir werden alle sterben«, verkündete Pola mit unheilvoller Stimme.

Ich drehte mich zu ihr um. »Werden wir nicht!« *Wenigstens nicht, solange kein Gegenverkehr kommt,* fügte ich in Gedanken hinzu.

»Und ob wir werden.« Sie schob sich einen Kaugummi in den Mund, sichtlich befriedigt darüber, dass der Urlaub ein so schnelles Ende nehmen würde.

»Klappe dahinten!«, zischte Paps.

Margarethe öffnete verschlafen die Augen. »Was ist?«

»Wir bauen gerade einen Unfall«, erklärte ich ihr.

»Und wir werden alle sterben«, nuschelte Pola an ihrem Kaugummi vorbei.

»Mach ihr gefälligst keine Angst.«

Margarethe stand auf und beugte sich erwartungsvoll über den Vordersitz. »Komm ich jetzt in den Himmel zu Flossie?«

»Setzen!«, befahl Paps. »Wer hier in den Himmel kommt oder nicht, bestimme ich.« Er war zu einer Taktik übergegangen, die aus einer Kombination von vorsichtigem Bremsen und behutsamen Gegenlenken bestand. Bus und Anhänger schoben sich langsam wieder nach rechts. Sehr langsam.

Es wurde auch Zeit. Auf der Gegenfahrbahn kam wie aus dem Nichts ein offener weißer Sportwagen angeschossen.

»O-ohh!«, sagte Mami.

Wir trudelten auf die andere Straßenseite zu. Das Quietschen von Bremsen, das jetzt ertönte, kam von dem Sportwagen, hinter dessen Windschutzscheibe ich undeutlich zwei Gesichter sah. Es war unglaublich, wie schnell der Wagen größer wurde und die Gesichter deutlichere Konturen annahmen. Paps hatte die Augen zu schmalen Schlitzen zusammengekniffen. Ich hielt die Luft an.

»Wir werden an der Leitplanke landen«, stellte Pola fest. Sie klang maßlos enttäuscht.

Wir landeten nicht an der Leitplanke. Der Bus war endgültig nach rechts gerutscht und blieb mit einem letzten Holpern auf unserer Seite der Fahrbahn stehen. Ich atmete erleichtert aus.

»Na bitte. War doch gar nicht so schlimm«, sagte Mami.

»Das war's ja dann wohl.« Oma betrachtete Husch mit einem ungläubigen Kopfschütteln. Er hatte während des ganzen Vorfalls friedlich weitergeschlafen. Kein Wunder, dass er immer gute Laune hatte. Die Realitäten des Lebens rauschten ständig an ihm vorbei.

Auf der anderen Straßenseite war der Sportwagen zum Stehen gekommen. Der Länge der Bremsspur nach zu urteilen, die sich wie eine schwarze Schlange hinter ihm über den Asphalt zog, musste er in geradezu halsbrecherischem Tempo den Berg heraufgerast sein. Die Fahrertür des Wagens flog auf und ein stiernackiger, untersetzter Mann trat auf die Straße. Er trug helle Hosen und ein unmögliches, schreiend buntes Hawaii-Shirt, das ihn als Urlauber auswies. Seiner Gesichtsfarbe nach zu urteilen stand er kurz vor einem cholerischen Anfall.

»Das sieht nach Ärger aus«, murmelte Paps.

»Stimmt«, erwiderte Mami. Sie wischte sich ein paar Haarsträhnen aus der Stirn und holte tief Luft. »Soll ich –«

»Nein. Halt dich da raus, ich mach das schon.«

»Aber –«

»Logo, unter deinem Sitz liegt das Warndreieck. Stell das auf, weit genug hinter dem Anhänger.« Bevor Mami oder ich etwas sagen konnten, war er ausgestiegen. Ich zog das Warndreieck unter dem Sitz hervor, sprang ebenfalls aus dem Wagen und folgte ihm.

Paps und der stiernackige Mann gingen aufeinander zu wie Cowboys bei einem Duell. Sie trafen sich in der Mitte der Straße und das Hawaii-Shirt fing sofort an zu brüllen.

»Haben Sie einen Knall oder was?«

»Nein«, sagte Paps. »Nur einen geplatzten Reifen.«

»Wenn Sie sich umbringen wollen, dann gefährden Sie dabei nicht andere Leute!« Die dunklen Augen des Mannes funkelten unangenehm, während er nach einem passenden Schimpfwort für Paps suchte. »Verdammtes ... Sonntagsfahrer!«

»Sie sind erheblich zu schnell gefahren«, erwiderte Paps gelassen. »Also erzählen Sie mir nichts über Gefährdung.«

Er konnte es sich leisten, eine dicke Lippe zu riskieren. Der Mann war nicht nur fast einen Kopf kleiner als er, sondern er wirkte auch wie jemand, der sich grundsätzlich nur an Schwächere herantraut. An meiner Schule wimmelte es von solchen Typen.

»Ich werde Sie anzeigen!«, schnaubte das Hawaii-Shirt.

»Wie Sie meinen«, erwiderte Paps. »Aber ein Reifen platzt nicht, weil man darum betet, also regen Sie sich ab.«

Der Mann sah aus, als würde er jeden Moment explodieren. Aber dazu kam es nicht.

»Norbert!«

Die Stimme kam aus dem Sportwagen. Sie gehörte einer Frau mit langen dunklen Haaren, in die ein grünes Tuch geschlungen war. Ihre Augen waren hinter einer großen Sonnenbrille verborgen. Mehrere goldene Armreifen glänzten in der Sonne, als sie ihrem Mann zuwinkte. »Ist doch nichts passiert. Lass uns weiterfahren.«

»Und wir müssen den Reifen wechseln«, fügte Paps hinzu. »Wenn Sie uns also jetzt entschuldigen würden.«

Der Mann schaute von Paps zu seiner Frau, die ihm ungeduldig zunickte. »Sie können von Glück reden, dass ich keine Zeit habe.« Seine Stimme zitterte vor unterdrückter Wut.

Paps grinste ironisch. »So ist das im Urlaub. Nie hat man Zeit.« Damit wandte er sich von dem Hawaii-Shirt ab und kam auf mich zu. Der Mann blieb unschlüssig stehen, als überlege er, ob er Paps nachlaufen sollte. Dann spuckte er auf die Straße und ging zurück zu seinem Wagen.

Erst jetzt bemerkte ich das Mädchen, das auf dem Rücksitz des Sportwagens saß. Sie starrte mich intensiv an, als wolle sie sich bei mir, und nur bei mir, für das Verhalten ihres Vaters entschuldigen. Das Leben mit einem solchen Blödmann war garantiert kein Zuckerschlecken und es wunderte mich nicht, dass sie verängstigt und irgendwie traurig aussah. Traurig und ziemlich hübsch. Ich schätzte, dass sie etwa so alt war wie ich.

Wir lächelten uns im selben Moment zu und für einen kurzen Augenblick hatte ich das Gefühl, als fege ein Sturm durch meinen Magen. Dann schoss der Sportwagen laut aufheulend davon und das Letzte, was ich von dem Mädchen sah, waren ihre langen blonden Haare, die im Wind tanzten.

»Ein unangenehmer Zeitgenosse«, bemerkte Oma.

Mami nickte. »Ich hoffe, die haben nicht auch ein Ferienhaus gemietet, sondern wohnen in einem Hotel in Waldenburg. Auf solche Nachbarn kann ich verzichten.«

»Ich auch.« Paps seufzte. »Ersatzreifen und Werkzeuge befinden sich übrigens unter den Koffern. Logo?«

Hier, du Blödmann!

Ich lud den Krempel aus, nachdem ich die Straße hinaufgehetzt war und das Warndreieck aufgestellt hatte. Es war mir ein innerer Vorbeimarsch, als Paps kurz darauf der Wagenheber auf den Fuß fiel. Oma empfand wohl ähnlich, denn sie konnte sich ein Grinsen nicht verkneifen und murmelte etwas von Kölnisch Wasser.

Husch hätte auch den Reifenwechsel verschlafen, wenn Paps nicht darauf bestanden hätte, dass die ganze Familie den Bus verließ. Margarethe zeigte ihm sofort die Zigarettenschachtel und deren traurigen Inhalt. Husch nickte und legte seiner Schwester einen Arm um die Schulter. Falls Flossies Tod ihn berührte, ließ er es sich nicht anmerken. Verdammt, wahrscheinlich hatte er *gewusst*, dass Margarethe den Goldfisch mit sich herumschleppte! Die Zwillinge hielten zusammen wie Pech und Schwefel und wer wusste schon, was in ihren kleinen Köpfen vorging.

Paps wäre nicht Paps gewesen, wenn er sich beim Reifenwechseln hätte helfen lassen. Während er mit Wagenheber und Ersatzreifen herumhantierte, schlug der Rest der Familie sich zum Austreten in die Büsche. Ich nutzte die Gelegenheit und lief die Straße zurück bis zu dem Parkplatz in der Kurve, von dem aus man den See überblicken konnte.

Ich beugte mich über seinen Rand, an den sich ein einzelner verkümmerter Busch und vertrocknete Grashalme krallten, und kühler Wind schlug mir ins Gesicht. Er stieg an einer zerklüfteten Felswand empor, die um gut zehn Meter steil nach unten abfiel, wo die Oberfläche des Waldensees sich in winzigen, glitzernden Wellen kräuselte. Nur wenige Segelboote und ein paar Surfer waren unterwegs.

Paps hatte Recht gehabt. Nur einen Kilometer von dem Abhang entfernt ragte eine dicht bewaldete, grüne Landzunge in den See hinein. Eine Hand voll unterschiedlich großer Häuser war darüber verteilt wie achtlos fallen gelassene Bauklötze. Einige lagen versteckt zwischen hohen Bäumen und ich hätte sie nicht gesehen, wenn ihre roten Dächer nicht das Sonnenlicht eingefangen und matt reflektiert hätten. Alle anderen standen oberhalb einer schmalen, entlang des Seeufers verlaufenden Straße, die dort auf die Hauptstraße traf, wo die Landzunge aus dem Festland herauswuchs.

Käfige mit Aussicht.

Die einzelnen Häuser lagen weit auseinander und vermutlich gab es noch einige weitere auf der Rückseite der Landzunge. Falls das Hawaii-Shirt und seine Familie tatsächlich eines davon bewohnen sollten, wie Mami befürchtete, würden wir sie wohl kaum zu Gesicht bekommen. Ich dachte an das Mädchen mit den traurigen Augen und hoffte das Gegenteil.

4

Das Haus stand am Ende einer mit hellem Kies bedeckten, von halbhohen Nadelbäumen flankierten Auffahrt. Seine blendend weiße Fassade und die gleichfarbigen Fensterflügel leuchteten im Sonnenlicht wie frisch gestrichen. Das Dach war mit roten Ziegeln bedeckt. Es überschattete eine einladend wirkende Veranda, vor der eine Unmenge bunter Blumen blühten, zwischen denen Insekten brummend und geschäftig durch die heiße Luft schwirrten. Unmittelbar hinter dem Haus erhob sich wie eine grüne Leinwand der Wald. Alles sah genauso kitschig aus wie auf den Fotos in dem Prospekt, den Paps uns vor Monaten gezeigt hatte.

Mami stand neben Paps und Oma und betrachtete unser Domizil so andächtig, als wäre es eine Kathedrale. »Ist es nicht toll?«, rief sie begeistert.

»Ganz toll«, sagte Pola leise. Sie spuckte ihren Kaugummi haarscharf an mir vorbei in eines der Blumenbeete. »Netter kann man gar nicht lebendig begraben sein.«

»Dürfen wir jetzt Flossie vererdigen?«, drängelte Margarethe. Sie zupfte ungeduldig an Mamis Kleid. Husch hatte sich auf die unterste Verandastufe gesetzt und streichelte Flossies Sarg. Wie Margarethe würdigte auch er das Haus keines Blickes. Für die Zwillinge war es ein Dach über dem Kopf, mehr nicht.

»*Be*erdigen, Schätzchen. Gleich.«

»Erst mal sehen wir uns drinnen um«, befahl Paps. Er kramte einen Schlüssel aus der Hosentasche und schloss die Haustür auf. Ein Schwall abgestandener Luft schlug uns entgegen.

Es gab nicht viel zu sehen. Mit Ausnahme eines Wohnraums, in dem sich eine Anzahl unglaublich hässlicher Stühle um einen runden Tisch scharten, bestand das Erdgeschoss aus einer kleinen Küche, einem gekachelten Duschbad mit Klo und zwei nur mit dem nötigsten eingerichteten, nach hinten gelegenen Schlafzimmern. Überall hingen gerahmte Ansichten des Waldensees an den weiß getünchten Wänden. Eine Treppe führte aus dem Wohnraum in das obere Stockwerk, wo ein dunkler Flur drei weitere Zimmer miteinander verband.

»Die Kinderzimmer.« Paps öffnete ein Fenster. »Mit Blick auf den See.«

»Na ja«, sagte Mami. Sie ließ sich von der ungeduldig zappelnden Margarethe nicht aus der Ruhe bringen. »Nicht gerade umwerfend luxuriös, aber praktisch. Was will man mehr?«

Pola war hinter mich getreten. Wir standen etwas abseits, so dass weder Mami noch Paps ihr sehnsüchtiges Flüstern hörten: »Michael.«

Margarethe und Husch bestanden darauf, Flossie allein zu begraben, und da jeder von uns zu sehr mit sich selbst, mit dem Ausladen des Gepäcks oder mit der Begutachtung des Hauses beschäftigt war, erhob niemand Einspruch.

Ich sah dem kleinen Trauerzug nach, als er sich feierlich und langsam auf den hinter dem Haus beginnenden Wald zubewegte. Margarethe ging voran. Sie trug Flossies Sarg in einer Hand und ein kaum wahrnehmbares Lächeln umspielte ihre Lippen. Husch hatte eilig einen Strauß der vor dem Haus blühenden Blumen gepflückt und stapfte entschlossen hinter ihr her. Die roten Badehosen leuchteten ein letztes Mal zwischen den Stämmen der hohen Bäume auf, bevor der Wald die Zwillinge verschluckte.

Ich wusste, was Margarethes seltsames Lächeln bedeutete. Ich erinnerte mich noch gut an die düstere Faszination, die von dem Tierfriedhof ausgegangen war, den Pola und ich zusammen angelegt hatten, als ich vier und sie fünf Jahre alt gewesen war.

Es hatte mit einem toten jungen Vogel angefangen, den Pola während eines Wolkenbruchs aus dem Rinnstein vor unserem Haus fischte. Er musste aus dem Nest gefallen und anschließend ertrunken oder erfroren sein und er tat uns unendlich Leid, weil er noch nicht einmal alle Federn hatte. Während der Regen auf uns herabprasselte, trugen wir den unglücklichen Piepmatz in den Garten, wo ich mit bloßen Fingern ein Loch aus dem dampfenden weichen Erdreich aushob, in dem der winzige Körper verschwand. Pola band zwei Stücke Holz mit einem Bindfaden zu einem wackeligen Kreuz zusammen und drückte es auf den frischen Grabhügel.

Zwei Tage später fand ich einen toten Maulwurf im Garten. Pola und ich bestatteten ihn neben dem kleinen Vogel und von nun an gaben wir uns nicht mehr damit zufrieden, Tiere zu begraben, die wir zufällig fanden. Wir unternahmen regelrechte Streifzüge um tote Mäuse und Vögel, Frösche und größere Insekten zu suchen, die wir in Körben und Plastiktüten, in den Hosentaschen und in unseren Händen nach Hause brachten. Wir wurden zu professionellen Totengräbern. Die Erde wurde jetzt mit einer blauen Plastikschippe ausgehoben und die kleinen Kadaver, jeder für sich, in die oft nur zentimetertiefen Gruben versenkt. Bald zierten an die dreißig Holzkreuze unseren Friedhof.

Dann fanden wir bei einer unserer Exkursionen den Hirschkäfer. Als gäbe es keine andere Richtung, krabbelte er stur und unverdrossen geradeaus über einen lichten Waldweg. Die verlängerten Zangen seiner Mundwerkzeuge schaukelten tatsächlich wie ein kleines Geweih. Pola und ich sahen uns in stillem Einverständnis an. Wir nahmen den Hirschkäfer mit nach Hause, füllten Wasser in einen Eimer und setzten ihn dort hinein. Wir sprachen kein Wort. Es dauerte lange, bis die mühsamen Bewegungen des Tieres unter unseren neugierigen Blicken endlich schwächer wurden und schließlich ganz aufhörten. Weder Pola noch mir war es in den Sinn gekommen, etwas Unrechtes getan zu haben. Und später, als die schwarze Erde auf den nass glänzenden Panzer des Hirschkäfers rieselte, lächelten wir uns an.

Margarethe hatte aus demselben Grund gelächelt wie damals Pola und ich. Bei aller Trauer um Flossie war ihr etwas bewusst geworden, das weit über die Erkenntnis hinausging, dass alles Leben, vielleicht sogar das eigene, irgendwann endet. Was sich hinter dem Lächeln abgezeichnet hatte, war das neu erworbene Wissen um die Macht über Leben und Tod. Dass Flossie nicht mehr lebte, war Margarethes Werk, und das Bewusstsein, dieses Wissen jederzeit anwenden zu können, würde sie nie wieder verlassen. Es war unheimlich.

Hinter mir knirschte Kies und ich zuckte erschrocken zusammen. Ich war so in Gedanken versunken gewesen, dass ich Omas Kommen gar nicht bemerkt hatte. Sie trat neben mich und schaute zu der Stelle, wo Margarethe und Husch zwischen den Bäumen verschwunden waren.

»Flossie?«, fragte sie.

»Mhm.«

Sie strich eine Falte aus ihrem Rock, dann nahm sie ihren Hut ab und fuhr sich durch die Haare. »Margarethe wird seinen Verlust schnell verkraften. In ihrem Alter hat der Tod noch keine so große Bedeutung.«

»Ich weiß nicht«, sagte ich. »Ich habe eben darüber nachgedacht. Pola und ich, wir hatten früher mal einen eigenen Tierfriedhof, weißt du.«

»Ja. Hinten im Garten.«

»Genau. Findest du es nicht auch komisch,

dass Kinder fast immer einen Wald oder die Nähe einer Hecke suchen um Tiere zu beerdigen?«

»Nein«, erwiderte Oma leise. »Schau dir die Bäume an. Sie sterben, wenn der Winter kommt, und im Jahr darauf erwachen sie zu neuem Leben. Sie wurzeln in der Erde, aber ihre Äste strecken sie dem Himmel entgegen. Sie sind unsere Verbindung zur Unendlichkeit. Diese Weisheit ist zwar nicht auf meinem Mist gewachsen, aber es liegt etwas sehr Tröstendes darin, findest du nicht?«

»So habe ich das noch nie gesehen.«

»So sehen es die wenigsten.« Sie starrte geistesabwesend auf die Bäume, den Hut in einer Hand, und plötzlich war ich mir nicht sicher, ob sie mich überhaupt noch wahrnahm. Sie war schon während der Fahrt auffallend still gewesen, ganz anders, als es eigentlich ihrer Art entsprach. Die Sache mit Luise Rössner musste sie stärker berührt haben, als ich bis dahin angenommen hatte. Ich wusste, dass es keinen Sinn hatte, sie darauf anzusprechen. Oma gehörte nicht zu den Menschen, die bereit waren Schwäche zuzugeben. Wenn ihr etwas nahe ging, verbarg sie ihre Betroffenheit hinter einem Witz oder überspielte sie mit schroffem Verhalten. Aber erst in diesem Moment wurde mir bewusst, dass sich hinter ihrem rauen Kern nichts anderes verbarg als die Angst, verletzt zu werden.

»Ich gehe auspacken«, sagte ich. »Kommst du mit?«

»Nein. Ich glaube, ich bleibe noch ein Weilchen hier.«

»Gut . . . Dann bis nachher.«

Sie nickte und während sie dort stand und nachdenklich in den Wald starrte, kam sie mir plötzlich zum ersten Mal wirklich alt vor. Alt und sehr zerbrechlich.

Ich hatte mir das Zimmer zwischen dem der Zwillinge und dem von Pola ausgesucht. Es war eine kleine Kammer, in der sich nichts außer einem schlichten Bett und einem dazu passenden Schrank befand. Eine Gefängniszelle musste ähnlich aussehen, auch wenn es hier keine Gitterstäbe gab. Ich öffnete das Fenster und schaute hinaus.

Der Perspektivenwechsel war irritierend. Das Haus gehörte zu den Gebäuden, die ich erst kurz zuvor aus großer Entfernung gesehen hatte. Jetzt war es die Felswand mit dem kleinen Aussichtsplatz, die mir gegenüberlag und sich wie ein Scherenschnitt von dem strahlend blauen Himmel abhob. Mir fiel auf, dass es im gesamten Uferbereich des Waldensees nichts gab, das einem Strand glich. Unterhalb der Straße führte ein Trampelpfad zu einem hölzernen Bootssteg. Die flachen Felsen, aus denen er weit in den See hineinwuchs, bildeten eine natürliche Grenze zwischen Land und Wasser. Wer in der Sonne baden wollte, musste entweder mit der Veranda vorlieb nehmen, sich auf den Steg oder auf diese Felsen legen. Genau das wollte ich tun und ich hatte den Kopf schon ausgepackt und meine Badehose angezogen, als Paps uns nach unten rief.

»Also, zur Planung.« Er stützte seine Arme auf den runden Tisch im Wohnraum. »Logo und ich werden die *Lavinia* zu Wasser lassen. Mami, Pola und die Zwillinge fahren zum Einkaufen nach Waldenburg, damit wir nicht verhungern.«

Pola verdrehte entnervt die Augen, aber Margarethe gab in Erwartung von Vanilleeis mit Kirsch ein begeistertes Quietschen von sich. Husch hörte gar nicht zu. Er war mit seinen Sandalen beschäftigt, die er endlich gegen die Gummistiefel eingetauscht hatte und deren Laschen ihn jetzt vor unlösbare Probleme stellten. Oma hatte Recht behalten. Nachdem er und Margarethe aus dem Wald zurückgekehrt waren, war Flossie kein Thema mehr gewesen.

»Emilie?«, wandte Paps sich an Oma.

Sie winkte ab. »Ich leg mich etwas hin. Für heute hab ich genug vom Autofahren.«

»Gut. Also dann los.«

Es dauerte keine Viertelstunde, bis die *Lavinia* zu Wasser gelassen war. Paps lenkte den Anhänger rückwärts in den See und ließ die Jolle einfach ins Wasser gleiten. Selbstverständlich war es dann meine Aufgabe, sie zum Bootssteg zu paddeln und dort zu vertäuen. Ich schwitzte wie ein Ochse, während Paps seelenruhig auf dem Steg stand, wo er mit erfahrenem Navigatorenblick den Waldensee betrachtete.

»Schade, dass kein Wind geht. Sonst hätten

wir eine kleine Probefahrt machen können. Was meinst du?«

Ich zuckte mit den Achseln, wischte mir demonstrativ den Schweiß von der Stirn und sah ihn herausfordernd an. Von mir aus konnte er bis Weihnachten auf eine Antwort warten. Ich hatte die Nase gestrichen voll von seinen Handlangerarbeiten und wollte endlich schwimmen gehen.

Wie ich es erwartet hatte, wich Paps meinem Blick aus. Er beugte sich zur *Lavinia* hinunter und schlug mit der flachen Hand gegen ihren Rumpf. »Tja, dann werde ich mal wieder gehen. Den Anhänger zurückfahren, auspacken und ... na ja.«

Als ich ihn davonfahren sah, wusste ich nicht, ob ich mich nur über ihn oder auch darüber ärgern sollte, dass ich ihm nicht gesagt hatte, was mir nicht passte. Dann beschloss ich mich überhaupt nicht zu ärgern. Verdammt, ich hatte Ferien!

Ich wollte gerade ins Wasser springen, als ich den Jungen sah, der über die Straße geschlendert kam und den Bootssteg ansteuerte. Er war ungefähr so groß wie ich, braun gebrannt und blond und trug eine bunte Badehose.

»Schönes Boot«, sagte er, als er mich erreicht hatte. Er hatte blaue Augen mit winzigen grauen Tupfern und sein breites Grinsen machte ihn mir auf Anhieb sympathisch. »Ihr seid die Neuen, was? Ich bin Arnie. Eigentlich Arnold.«

»Logo.« Eigentlich Lobegott, aber das hielt

ich für einen schlechten Einstieg in eine neue Bekanntschaft. »Wir sind erst vorhin hier angekommen. Das heißt, beinahe nicht.« Ich erzählte Arnie von dem Vorfall mit dem geplatzten Reifen und erwähnte dabei das Hawaii-Shirt, die Frau und das Mädchen.

Er nickte. »Sind seit ein paar Tagen hier. Haben ihr Haus irgendwo auf der anderen Seite der Landzunge, ziemlich tief im Wald.« Er machte eine vage Handbewegung in Richtung der Bäume.

»Meine Mutter hat so etwas befürchtet. Dass die auch hier wohnen, meine ich.«

»Nur keine Panik. Von den Leuten, die hier wohnen, sieht man so gut wie nichts.« Er verzog das Gesicht. »Die meisten hängen den ganzen Tag auf der Veranda und am See herum, segeln oder klettern durch die Berge. Bescheuert, bei dieser Hitze.«

Mit Ausnahme des Kletterns war es genau das Programm, das Paps sich auch für unseren Urlaub ausgedacht hatte.

»Weißt du, wie die heißen?«

»Keine Ahnung. Weiß nur, dass der Typ ein Scheißkerl ist. Sind neulich an unserer Hütte vorbeispaziert, die ganze Familie, und er und seine Frau haben sich in den höchsten Tönen gestritten. Das Mädchen mischt sich ein, sagt irgendwas, und er klebt ihr eine. Zack, einfach so.«

»Kennst du sie näher? Das Mädchen, meine ich.«

Arnie zuckte die Achseln. »Nicht richtig. Ab und zu hockt sie bei den Felsen unten am See, kaut Grashalme und glotzt Löcher in die Luft. Ist wahrscheinlich froh, wenn sie ihre Alten nicht um sich haben muss.«

»Wahrscheinlich.«

Er musterte mich mit einer Mischung aus Interesse und Belustigung. »Du hörst dich an wie Schimanski. Bist scharf auf sie, oder? Verstehe ich gut, die ist nicht von schlechten Eltern.« Er lachte kurz über sein Wortspiel. »Kannst du aber vergessen. Die Kleine ist total abgedreht. Wer sitzt schon freiwillig den ganzen Tag in der Pampa rum und frisst Gras? Hab mal versucht sie anzuquatschen, aber sie hat mich abblitzen lassen. Vielleicht ist sie stumm.«

Sein ironisches Grinsen erinnerte mich an Pola und ich wechselte das Thema. »Eigentlich wollte ich schwimmen gehen. Was ist, kommst du mit?«

»Einmal quer durch den See und zurück?«

»Warum nicht?«

Wir hechteten, jeder mit einem Kopfsprung, vom Bootssteg in das Wasser, das herrlich kühl und erfrischend war. Der See war an dieser Stelle etwa vierhundert Meter breit. Wir schwammen bis zur anderen Seite und kehrten sofort wieder um ohne das Ufer betreten zu haben, das von wild wuchernden Büschen begrenzt wurde.

»Wahnsinn!«, keuchte Arnie, als er neben mir auf einem der heißen Felsen lag. »Es gibt nichts Besseres als Schwimmen.«

»Außer Segeln.«

»Kann ich nicht.«

»Es ist kinderleicht.« Ich hatte eine Idee. »Warum kommst du nicht einfach mit, morgen oder so? Sobald hier mehr Wind geht, wird mein Vater nicht mehr zu halten sein.« Ich wusste, dass Paps nicht damit einverstanden sein würde, jemanden mitsegeln zu lassen, den er nicht kannte, aber das war mir ziemlich egal.

»Super!«

Arnie und seine Eltern waren schon fast zwei Wochen hier. Sie wohnten drei Häuser weiter zum Land hin. Er hatte eine witzige Art zu erzählen und er war nett. Ich verabredete mich mit ihm für den nächsten Vormittag, und als ich zum Haus zurückging, pfiff ich fröhlich vor mich hin. Ich war erst vor einer Stunde angekommen und hatte schon einen Freund gefunden.

Der Supermarkt in Waldenburg war winzig und besaß, wie Margarethe nach dem Einkaufen empört berichtete, keine Lautsprecheranlage. Ihre Enttäuschung wurde nur dadurch wettgemacht, dass sie und Husch stolze Besitzer von Schwimmflügeln geworden waren. Einer plötzlichen Eingebung folgend hatte Mami beschlossen den Zwillingen in den nächsten Tagen das Schwimmen beizubringen. Sie musste auch beschlossen haben mit dem Urlaub ernst zu machen und kräftig auszuspannen, denn das verspätete Mittagessen bestand aus Ravioli aus der Büchse.

Pola sprach während des Essens kein Wort und sie blieb vor dem Haus auf der Veranda, als der Rest der Familie, mit Handtüchern, Liegestühlen und Sonnenschirm ausgerüstet, im Anschluss an das Essen hinunter an den See zog und sich dort auf den Felsen breit machte. Margarethe stürzte sich, kreischend vor Vergnügen, sofort in die Fluten. Husch war vorsichtiger. Er hielt sich im knietiefen Wasser zwischen den Felsen auf und Mami und Paps versuchten vergeblich ihn vom Ufer fortzulocken. Oma hatte sich mit einem Krimi bewaffnet unter den Sonnenschirm verzogen, den ich unter Paps' Anleitung aufgestellt hatte. Sie trug einen hoch geschlossenen schwarzen Badeanzug, der selbst einer Nonne zu züchtig vorgekommen wäre.

Auf dem Waldensee ging es jetzt viel belebter zu als noch vor ein paar Stunden. Trotz der anhaltenden Flaute dümpelten einige Segelboote herum und ein kleiner Passagierdampfer, der seinen Hafen in Waldenburg haben musste, schipperte über den See und hinterließ schimmernde Wellen. Möwen kreisten in der Luft und die Stimmen ausgelassener Urlauber schallten über das Wasser. Ich schnappte mir einen von Omas Krimis, aber schon nach der ersten Seite war ich nicht mehr bei der Sache. Ich hatte mich mit dem Rücken zum See auf den Bootssteg gesetzt und beobachtete die Straße. Aber weder das Mädchen noch der weiße Sportwagen tauchten auf.

Der Himmel spannte sich wie ein goldenes Tuch über dem Waldensee, als ich Margarethe und Husch nach dem Abendessen in ihr Bett verfrachtete. Es gab keinen Protest und keinen Widerstand. Die beiden zogen sich aus, krabbelten eilig unter die Decke und warteten aneinander gekuschelt auf die Belohnung für gute Führung. Ich knipste das Licht an und zog die Vorhänge zu. Dann setzte ich mich zu ihnen auf die Bettkante.

»Fang an«, forderte Margarethe ungeduldig.

»Welches?«, fragte ich.

Sie grinste. »Das weißt du doch.« Husch bekräftigte ihre Worte mit einem Lächeln, das Butter zum Schmelzen gebracht hätte. Er fummelte an seiner von der Sonne verbrannten Nase herum ohne mich dabei aus den Augen zu lassen.

»Ich glaube, ich hab es vergessen.«

»Hast du nicht!«

»Doch, wirklich. Es fällt mir einfach nicht mehr ein.«

»Hänsel und Grekel!«, krähte Margarethe. Husch gab ihr einen ungnädigen Schubs und sie verbesserte sich. »Gretel.«

»Ach, richtig. Jetzt fällt es mir wieder ein.« Margarethe ließ sich zufrieden in ihr Kissen zurücksinken und Husch starrte gebannt auf meinen Mund. Das Ritual war beendet. »Also gut, dann passt auf: Es war einmal . . .«

Es war einmal ein Vater, der das Erzählen von Geschichten für reine Zeitverschwendung hielt, und eine Mutter, die als Märchentante nicht zu gebrauchen war, weil sie beim Vorlesen regelmäßig selber einschlief. Es war einmal eine ältere Schwester, die keine Lust hatte, Kindermädchen zu spielen, und ein älterer Bruder, an dem dieser Job schließlich hängen geblieben war – eine der wenigen Aufgaben, die ich gerne und ohne zu murren übernahm. Die Zwillinge waren total verrückt nach Märchen und ich genoss es, sie ihnen vorzulesen. Ich liebte die Begeisterung in Huschs Augen und den Moment, wenn Margarethe eine seiner Hände ergriff und fest drückte, weil sie es vor Spannung nicht mehr aushielt. Ich liebte ihr befreites Lachen, wenn der bettelarme Held die Prinzessin bekam oder ein schrecklicher Unhold sein verdientes Ende fand. Paps und Mami gegenüber hätte ich es nie zuzugeben gewagt, aber ich liebte auch den Zauber, den viele der alten Geschichten für mich noch ausstrahlten.

Es lag wohl in der Natur der Sache, dass Husch und Margarethe diejenigen Märchen am liebsten mochten, in denen Geschwisterpaare ausgesetzt worden waren, sich verirrt hatten oder sonstwie von einer Katastrophe in die nächste stolperten – so wie Hänsel und Gretel. Irgendwann hatte Paps ihnen erzählt, die beiden seien fiese kleine Killer, denen es nur recht geschähe, wenn sie vom Essen geklauter Lebkuchen Karies bekämen und ihre Eltern sie an einen Wanderzirkus verkauften. Doch nichts davon hatte etwas an der Faszination zu ändern vermocht, mit der die Zwillinge das Schicksal der allein gelassenen Kinder verfolgten, Margarethe mit großen Kulleraugen und offenem Mund, Husch mit der bis dicht unter die Nase gezogenen Bettdecke. Es schien mir immer, als wolle vor Mitgefühl sein Herz brechen, aber ich war mir nie sicher, ob dieses Mitgefühl den verirrten Kindern oder der Hexe galt, wenn sie zeternd und kreischend im Backofen verschwand. Beide schliefen meistens schon tief und fest, wenn Hänsel und Gretel, mit den Schätzen der Hexe beladen, nach Hause gingen, anstatt sich mit dem ganzen Zaster auf und davon zu machen und ihre Eltern sitzen zu lassen, die es meiner Ansicht nach nicht besser verdient hatten.

Heute war es nicht anders. Ich verließ leise das Zimmer ohne das Licht auszuschalten, weil Husch sich vor der Dunkelheit fürchtete. Aus dem Erdgeschoss erklangen gedämpfte Stimmen. Mami und Oma bestritten den größten Teil des Gesprächs allein. Paps warf nur dann und wann etwas ein und ich nahm an, dass sie über den Vorfall mit Frau Rössner diskutierten.

Aus einem schmalen Spalt unter Polas Zimmertür fiel Licht in den Flur. Ich überlegte, ob ich zu ihr gehen und mit ihr reden sollte, entschied mich aber dagegen. Bei allem Verständnis für ihre Gefühle und ihren Frust hielt ich Polas ständig beleidigtes Verhalten doch für übertrieben. Für sie würde das bedeuten, dass ich auf der Seite von Paps und Mami stand. Und wenn sie damit auch nur teilweise Recht hatte, war das vielleicht Anlass genug für einen Streit, den ich lieber vermeiden wollte.

Ich ging in mein Zimmer und legte mich auf das Bett, fest entschlossen nur kurz auszuruhen. Wenn es ganz dunkel geworden war, wollte ich mich ausgiebig mit dem Sternenhimmel beschäftigen. Stattdessen schlief ich ein und wurde erst mitten in der Nacht wieder wach, weil ich schwitzte. T-Shirt und Shorts klebten klatschnass an meinem Körper. Ich zog sie aus und trat nackt ans Fenster.

Der Mond war fast voll und tauchte den Waldensee in silbernes Licht. Es war ein wunderschöner Anblick. Automatisch ließ ich den Blick über die mir vertrauten Sternbilder wandern, den Stier mit den Plejaden, die Fische, Andromeda und Pegasus, die sich mit kaltem Funkeln vom Nachthimmel abhoben. Ich spielte kurz mit dem Gedanken, Stativ und Fernrohr aufzubauen, ließ es aber bleiben. Ich war einfach zu müde und außerdem hatte ich mir vorgenommen am nächsten Morgen früh aufzustehen um schwimmen zu gehen.

Ich löschte das Licht, schlüpfte unter die dünne Bettdecke und dachte an das Mächen. Ich würde alles daransetzen, sie kennen zu lernen. Es war mir ein Rätsel, wie sie es angestellt hatte, aber der kurze Blick, den sie mir aus dem Auto heraus zugeworfen hatte, hatte mich an sie gefesselt wie ein unsichtbares Band. Ich rief mir ihr Bild in Erinnerung und lauschte dabei dem Zirpen der Grillen und Zikaden, das die Nacht erfüllte. Aus weiter Entfernung ertönte ein Platschen, als hätte sich aus einer der den See umgebenden Felswände ein gewaltiger Stein gelöst und wäre ins Wasser gestürzt. Das Echo brach sich geisterhaft in den Hügeln und noch während es verebbte, schlief ich ein.

5

Ich fröstelte und zog mein Badetuch enger um die Schultern, als ich den kurzen Weg hinunter zum Bootssteg nahm. Aus den umliegenden Hügeln stieg milchiger Nebel auf und legte sich kalt auf meine Haut. Kies knirschte unter meinen Füßen, der Steg gab ein hölzernes Knarren von sich, und dann stand ich vor der *Lavinia*, die aus dem schwarzen Wasser des Sees herausragte wie ein gestrandeter Wal.

Ich legte das Handtuch ab, ließ mich geräuschlos ins Wasser gleiten und stieß einen leisen Fluch aus. Es war kälter, als ich erwartet hatte, und es schien eine Ewigkeit zu dauern, bis mir endlich wärmer wurde. Ich kraulte bis zur Mitte des Sees, machte kehrt und schwamm mit langsamen Brustzügen zurück in Richtung des Bootsstegs. Ich hatte ihn fast erreicht, als die Sonne die letzten Nebelreste verscheuchte und das Ufer in helles Licht tauchte.

Als wäre es ein Teil von ihnen, kauerte das Mädchen zwischen den Felsen. Es musste von Anfang an dort gesessen und mich beobachtet haben. Ihre Arme hielt sie schützend um den Oberkörper verschränkt und sie trug dieselbe altmodische weiße Bluse, die mir schon gestern an ihr aufgefallen war. Die obersten Knöpfe standen offen, der Stoff war schmutzig. Die langen Haare hingen nass in ihr Gesicht, das blass und regungslos war wie das einer Statue. Sie sah ruhig in meine Augen und sagte kein Wort.

Ich war automatisch auf sie zugeschwommen, angezogen wie von einem Magneten. Jetzt paddelte ich, nur noch wenige Meter von ihr entfernt, auf der Stelle und wagte nicht näher an sie heranzuschwimmen. Meine Kehle war wie zugeschnürt, das Herz klopfte mir bis zum Hals. Ich fühlte, wie die Kälte zurückkam, ich spürte, wie der See an meinen Füßen zerrte, aber nichts davon registrierte ich wirklich.

Schließlich stand sie mit einer einzigen fließenden Bewegung auf, kletterte gewandt und lautlos über die Felsen und verschwand zwischen den Bäumen des angrenzenden Waldes. Ich rührte mich nicht von der Stelle aus Angst, sie zu vertreiben, falls sie es sich anders überlegen und zurückkommen würde. Ich wartete vergebens. Als ich endlich zum Steg geschwommen war und mich aus dem Wasser gezogen hatte, zitterte ich am ganzen Körper. Wasser lief an mir herab, sammelte sich in kleinen Pfützen zu meinen Füßen und tropfte durch die breiten Ritzen zwischen den Holzplanken zurück in den See. Irgendwo zwitscherte ein Vogel. Ein Windstoß fuhr rauschend in die Wipfel der Bäume und die *Lavinia* begann sanft zu schaukeln.

Kaffeeduft, Margarethes Lachen und das muntere Klappern von Geschirr erfüllten das Haus. Oma rannte unter Mamis missbilligenden Blicken geschäftig zwischen Küche und Wohnraum hin und her. Sie hatte kurzerhand alle Färberschen Erziehungsideale unterlaufen und der ganzen Familie das Frühstück zubereitet. Wenigstens für diesen Morgen war es Essig mit der Selbstständigkeit. Bis auf Paps, dessen schiefes Singen das Plätschern der Dusche im Badezimmer übertönte, hatten sich alle um den runden Tisch versammelt, aber ich war viel zu nachdenklich um das seltene Ereignis entsprechend zu würdigen.

Ich saß neben Pola und stocherte lustlos in meinen Cornflakes herum. Die wildesten Gedanken schossen mir durch den Kopf. Was hatte das Mädchen in aller Frühe am See zu suchen gehabt? Zugegeben, ich war ebenfalls früh aufgestanden um schwimmen zu gehen. Aber ihren dreckigen Klamotten und nassen Haaren nach zu urteilen, hatte sie in voller Montur ein Bad genommen, und das konnte ich mir nicht vorstellen – es sei denn, sie war wirklich leicht verrückt, wie Arnie meinte. Dass sie aus irgendeinem Grund von zu Hause abgehauen war, schloss ich aus. Der See war der erste Ort, an dem ihre Eltern sie in einem solchen Fall gesucht hätten, und damit als Versteck gänzlich ungeeignet. Es musste eine einfachere Antwort geben. Vielleicht war sie spazieren gegangen, auf einem Felsen abgerutscht und ins Wasser gestürzt. Das klang einigermaßen plausibel, erklärte aber nicht, warum sie nach dem unfreiwilligen Bad am Ufer sitzen geblieben war. Ich konnte es drehen und wenden, wie ich wollte: Sobald eine

Frage beantwortet war, stellte sich die nächste, und alles Nachdenken machte meine Verwirrung nur noch größer. Frustriert begann ich meine Cornflakes auszulöffeln.

Paps kam nur mit einer Unterhose bekleidet aus dem Bad. Er rubbelte sich die Haare mit einem Handtuch trocken und warf einen zufriedenen Blick in die Runde. »Na, Kinder, haben wir es nicht schön hier?«

»Wunderschön«, sagte Pola. »Trautes Heim, Glück allein.« Sie schenkte ihm ein liebenswürdiges Lächeln, bevor sie mit einem gezielten Schlag des Messers ihr Frühstücksei köpfte.

Die Anspielung war mehr als deutlich, aber Paps war nicht gewillt sich die gute Laune verderben zu lassen. Er hängte das Handtuch über die Lehne seines Stuhls und sah Pola fest in die Augen. »Wie wäre es, wenn du auf deinem Zimmer frühstückst, Fräulein?«

Pola blitzte ihn böse an – *wie wäre es, wenn du zur Hölle fährst* – und Sekunden später polterte sie die Treppen hinauf. Husch und Margarethe sahen ihr verdutzt nach. Oma hob die Augenbrauen, als aus dem oberen Stockwerk das Knallen einer Tür erklang.

»Jaja, die Liebe ist ein rebellischer Vogel«, sagte Paps und setzte sich. Er nahm ein Stück Brot, tunkte es in die gelbe Lache, die das auslaufende Eidotter auf Polas Teller zu bilden begann, und steckte es sich in den Mund.

»Sie wird sich wieder abregen.« Mami hatte sich nicht aus der Ruhe bringen lassen, aber auf ihren Wangen zeichneten sich rote Flecken ab. »Gib ihr ein wenig Zeit.«

»Sie hat alle Zeit der Welt«, erwiderte Paps kauend. »Und ich hab drei Wochen Urlaub, den ich mir von ihrem miesepetrigen Gesicht nicht verderben lassen werde.«

»Mein Gott, nun hab dich nicht gleich so. Du weißt doch, wie das in diesem Alter ist.«

»Allerdings. Als ich in diesem Alter war, hätte mein Vater mir für solch unverschämtes Verhalten eine geschmiert.«

Mami schnaubte. »Was hat Polas Verhalten mit deinem Alter und deinem Vater zu tun? Nein, erklär's mir nicht. Ich will es überhaupt nicht wissen.«

»Alles! Alles hat es damit zu tun. Schließlich hält deine Tochter sich auch für alt genug, diesem Stefan nachzulaufen.«

»Er heißt Michael.« Mami fischte nach einer Scheibe Wurst und klatschte sie auf ihr Brot. »Stefan war vor vier Wochen.«

Ich musste unwillkürlich grinsen. Dann fiel mein Blick auf Husch, dessen Augen sich verdunkelt hatten, auf Margarethe, die betreten einen Schluck Saft aus ihrem Glas nahm, und das Lachen verging mir.

»Nachzulaufen und nachzuheulen.« Paps ließ sich nicht beirren. »Und überhaupt frage ich mich, warum du sie auf einmal in Schutz nimmst.«

»Ganz einfach. Weil sie zu jung ist um sich selber gegen dich zu verteidigen.«

»Den Eindruck hatte ich eben ganz und gar nicht. Sie weiß sich sehr gut zu wehren.«

»Auf Befehl des Vaters in seinem Zimmer zu verschwinden kann man ja wohl beim besten Willen nicht als sich wehren bezeichnen.«

»Du weißt genau, was ich meine.«

»Weiß ich nicht.«

»Dann denk darüber nach.«

Geschirr schepperte, als Paps seinen Stuhl zurückstieß, aufstand und im Schlafzimmer verschwand. Das Frühstück war gelaufen. In Zukunft hatte Mami einen Grund mehr, morgendliche Familientreffen abzulehnen. Sie warf Oma einen beziehungsvollen Blick zu.

Ich schnappte mir ein Glas Milch und ging nach draußen auf die Veranda. Streit zwischen Paps und Mami war nicht selten, hielt aber nie lange an. In spätestens einer halben Stunde würden sie sich wieder versöhnen und ich hatte andere Sorgen, als mir um ihre Ehe Gedanken zu machen. Ich betrachtete den Waldensee. Das Sonnenlicht funkelte golden auf dem tiefblauen Wasser.

Blonde Haare.

Blaue Augen.

Ob ich wollte oder nicht, meine Gedanken kehrten in schöner Regelmäßigkeit zu dem Mädchen zurück und das brachte mich völlig durcheinander. *»Lobegott Färber, du hast dich verliebt«*, flüsterte ich.

Die Worte klangen dramatisch und das gefiel mir genauso gut wie das prickelnde Gefühl, das sie in meinem Bauch auslösten. Aber konnte man sich in jemanden verlieben, mit dem man noch nie ein Wort gewechselt hatte? Noch dazu von heute auf morgen? Ich grübelte lange darüber nach, bis mir einfiel, dass es einen einfachen Weg gab, das herauszufinden.

In Polas Zimmer sah es aus, als wären ihre Koffer explodiert. Bunte Klamotten, ein paar Zeitschriften und ihre Badesachen lagen kreuz und quer im ganzen Raum verstreut. Pola selbst hockte mit überkreuzten Beinen auf ihrem Bett. In einer Hand hielt sie eine qualmende Zigarette.

»Du rauchst«, stellte ich überflüssigerweise fest.

»Na und?« Sie sah mich kampflustig an. »Das tun Mami und Paps auch. Von mir aus sollen die beiden tot umfallen.«

»Mami hat sich eben wegen dir mit Paps gestritten.«

»Mir kommen die Tränen. Das hätte sie tun sollen, bevor wir losgefahren sind.« Sie zog betont lässig an ihrer Zigarette. Es sah nicht so aus, als würde sie das zum ersten Mal tun, und ich fragte mich, ob es noch mehr gab, was ich über meine Schwester nicht wusste.

»Du bist kindisch.«

»Nein, du bist es, Logo. Sonst würdest du diesen ganzen Zirkus hier nicht so bereitwillig mitmachen.«

Einen Moment lang funkelten wir uns an. Ich war nicht gekommen um mich mit ihr zu streiten, aber wenn es sein musste, war ich darauf vorbereitet.

Pola zog ein letztes Mal an der Zigarette, dann warf sie sie achtlos aus dem geöffneten Fenster. »Tut mir Leid, Brüderchen. Ist schließlich nicht deine Schuld, dass ich hier festsitze.« Sie seufzte. »Aber verstehst du, dass ich keinen Bock auf Familie und den ganzen Scheiß habe? Wir hängen drei Wochen hier rum, in denen ich sonst was mit Michael unternehmen könnte.«

Ohne es zu wissen hatte sie mir den Ball zugespielt und ich packte die Gelegenheit sofort beim Schopf. »Bist du ... bist du wirklich in ihn verliebt?«

Zu meiner Überraschung zuckte sie mit den Achseln. »Ich weiß nicht. Eigentlich schon. Ich kenn ihn ja erst seit ein paar Wochen. Aber in der Zeit haben wir ...« Sie unterbrach sich, schüttelte ihre roten Haare und grinste mich mit dem Verschwörerlächeln an, das ich von früher an ihr kannte. Ich grinste zurück und plötzlich war das hauchdünne Eis, das sich in den letzten Monaten zwischen uns gebildet hatte, gebrochen. Vielleicht hatte Pola nur darauf gewartet, dass ich sie auf ihre Gefühle ansprach. Ich schämte mich dafür, es erst jetzt zu tun, wo es um meine eigenen Interessen ging.

»Wir haben uns geküsst, weißt du, und es ist ganz nett, wenn man sich dran gewöhnt hat«, fuhr sie fort. »Keine Ahnung, ob das schon Liebe ist. Aber wir haben nichts gemacht, was ...« Sie zögerte weiterzureden.

»Was sonst noch so anfällt?«

Sie lachte. »Genau. Nichts von dem, was sonst noch so anfällt. Und ich weiß auch nicht, ob ich das schon will. Aber ich weiß, dass ich total verrückt nach ihm bin.«

»Wie fühlt es sich an?«

»Verrückt nach jemandem zu sein?«

»Verliebt zu sein.«

Sie zog konzentriert die Augenbrauen zusammen. »Also, das ist so: Wenn ich an Michael denke, wird mir schwindelig. Als ob ich auf einem hohen Berg stünde. Oder wie auf einem Schiff, das bei hohem Wellengang durch das Meer fährt. Und wenn ich ihn sehe, ist es so, als ob ein Sturm durch mich hindurchfegt.«

Bingo.

Polas grüne Augen musterten mich eindringlich. »Warum willst du das alles wissen? Hat mein Brüderchen sich etwa verknallt?«

Ich mochte den ironischen Tonfall nicht, in dem sie die Frage stellte, und wich ihr aus.

»Wenn ich mich irgendwann verknalle, sag ich dir Bescheid, okay? Und nenn mich bitte nicht Brüderchen.«

Es war unfair. Ich hatte Pola aus der Reserve gelockt und hielt mit meinen eigenen Gefühlen hinter dem Berg. Es war mir klar, dass ich damit das eben erst wiedergewonnene Vertrauen zwischen uns aufs Spiel setzte, aber ich war noch viel zu verwirrt um über das zu sprechen, was in mir vorging. In meiner Not wechselte ich das Thema.

»Was hast du jetzt vor, in den drei Wochen? Willst du nur Trübsal blasen?«

»Auf jeden Fall habe ich nicht vor mich weiter wie ein Kleinkind behandeln zu lassen.«

»Dann kannst du doch wenigstens versuchen dich zu arrangieren, oder? Es hat niemand was davon, wenn du drei Wochen lang schlechte Laune schiebst, am wenigsten du. Wenn du die ganze Zeit mit Abwehrhaltung herumläufst, wirst du auch die schönen Sachen nicht bemerken. Und es ist doch schön hier, oder?«, endete ich schwach. Meine Worte klangen selbst für mich nicht besonders überzeugend.

Pola sah nachdenklich zum Fenster hinaus auf die spiegelglatte Oberfläche des Waldensees. »Ach, Scheiße. Ich pfeife auf den See, ich pfeif auf das Segeln und der Rest der Familie kann mir den Buckel runterrutschen.« Sie machte eine Pause, überlegte und grinste mich an. »Aber ich will dir und den anderen auch nicht den Urlaub verderben.«

»Also keine miese Laune mehr?«

»Wenigstens nicht, wenn jemand dabei ist.«

»Versprochen?«

»Ich geb mein Bestes.«

»Danke für deine Großmut.«

Sie lachte. »Du mich auch, Brüderchen.«

»Lass dich nicht von ihm einschüchtern.«

Arnie nickte. Wir saßen auf der *Lavinia*, hielten die Nasen in die Sonne und warteten auf Paps. Der Wind, der schon morgens aufgekommen war, war noch stärker geworden und auf dem See wimmelte es von Segelbooten. Ich hatte Paps bereits am Vorabend gefragt, ob Arnie zum Segeln mitkommen könnte. Er hatte zugestimmt, aber es war ihm anzusehen gewesen, dass die Idee ihn nicht sonderlich begeisterte. Die *Lavinia* war sein persönliches Spielzeug, das er wie ein kleines Kind eifersüchtig bewachte und nur ungern mit anderen teilte.

»Er ist ein bisschen muffelig, aber eigentlich ganz nett.«

»Wird schon schief gehen.« Arnie grinste. »Zur Not springe ich über Bord.«

»Und versprich dir nicht zu viel. Es gab schon Krach heute Morgen. Wer weiß, was er jetzt für Laune hat.«

Paps musste sich wieder mit Mami vertragen haben, denn er hatte ausgesprochen gute Laune. Er begrüßte Arnie, als würde er ihn schon ewig kennen. Es dauerte eine Weile, bis wir die *Lavinia* aufgetakelt und ihre Segel angeschlagen und gesetzt hatten. Arnie stellte sich erstaunlich geschickt dabei an und erwarb sich so Paps' sofortige Sympathie.

Der Rest war allerdings eine mittlere Katastrophe. Mit halbem Wind zu segeln, wobei ein Boot seine größtmögliche Geschwindigkeit erreicht, war bei Paps nicht drin. Wenn es nicht unbedingt notwendig war, führte er auch keine Wendemanöver durch. Am liebsten fuhr er stur geradeaus und schön vor dem Wind, langsam wie eine Schnecke. Es war Segeln zum Abgewöhnen und heute war es nicht besser. Wir waren seit über einer Stunde unterwegs und hatten uns dabei kaum von der Stelle gerührt. Fock und Großsegel killten und die *Lavinia* wollte einfach keine Fahrt aufnehmen.

»Es muss an den Fallböen liegen«, murmelte Paps und zupfte an der Großschot herum. Dass links und rechts ständig andere Boote an uns vorbeizischten, ließ ihn völlig unbeeindruckt. »Diese verdammten Berge!«

»Was sind Fallböen?«, fragte Arnie. Er bemühte sich um einen interessierten Gesichtsausdruck, aber ich sah ihm deutlich an, dass das Segeln im Zeitlupentempo ihn nicht sonderlich begeisterte.

Paps, der für jede Gelegenheit, etwas erklären zu können, dankbar war, griff die Frage sofort auf. »Das ist ganz einfach. Weißt du, was thermische Winde sind?«

Arnie schüttelte den Kopf.

»Auf einem See im Flachland hast du geregelte Windverhältnisse. Tagsüber weht dort der Wind vom See in Richtung Land, weil das Land sich schneller erwärmt als das Wasser. Die warme Luft über dem Land steigt auf und zieht die über dem Wasser liegende kältere Luft hinter sich her.«

Man nennt das Seewind.

Paps machte eine kurze dramatische Pause. »Man nennt das Seewind. Nachts hast du dann den umgekehrten Fall: Das Land kühlt sich schneller ab als das Wasser und daher zieht der entstehende Wind von dort in Richtung des Gewässers. Das ist dann der –«

»Landwind?«, vermutete Arnie. Er musste schon längst bereut haben, dass er die Frage nach den Fallböen gestellt hatte. Ich hielt mit einer Hand die Vorschot, ließ die andere über Bord hängen und Wasser durch meine Finger laufen und lachte in mich hinein.

Paps nickte anerkennend. »Genau. Jedenfalls ist es in gebirgigen Gegenden wie hier so, dass der Wind unterschiedlich stark wehen und von allen Seiten kommen kann. Dann macht er mit dir, was er will.« Er holte tief Luft für die letzte dramatische Steigerung. »Und das ist dann eine Fallböe.«

»Toll«, sagte Arnie. Und überstand auch die nächste Stunde ohne freiwillig von Bord zu springen.

Oma kochte und dem Scheppern der Töpfe und Pfannen nach zu schließen, das bis hinauf in mein Zimmer drang, verwandelte sie dabei die Küche in ein Schlachtfeld. Die Zeit bis zum Essen wollte ich dafür nutzen, endlich mein Fernrohr auszuprobieren. Paps war wieder in See gestochen, begleitet von Mami und den Zwillingen, die in ihren kleinen Schwimmwesten aussahen wie rote Rettungsbojen. Es war das erste Mal, dass Margarethe und Husch auf der *Lavinia* mitfahren durften, und zweifellos waren sie ein sehr viel dankbareres Publikum als Arnie und ich.

Ich trug Stativ und Fernrohr vor das Fenster, verschraubte beide miteinander und bemerkte aus dem Augenwinkel Pola, die vor der Veranda lag und sich sonnte. Sie tat mir Leid. Ihr Auftritt beim Frühstück war nicht schlecht gewesen, würde aber garantiert wirkungslos bleiben. Paps brauchte man mit Gefühlen nicht zu kommen. Ich war davon überzeugt, dass er seine Kinder über alles liebte, aber es fiel ihm schwer diese Liebe zu zeigen oder mit Worten auszudrücken. Er gehörte zu den Menschen, die aus Hilflosigkeit zu Weihnachten Geld verschenken, wenn man ihnen vorher nicht klipp und klar erklärt, was man sich wünscht. Ein Fernrohr um Sterne zu beobachten, zum Beispiel.

Es war ein Refraktor, der anstelle von Spiegeln mit optischen Linsen arbeitete, kein Luxusmodell, aber ausreichend für meine Zwecke. In klaren Nächten lag die Oberfläche des Mondes vor mir wie eine Landkarte und ich konnte Sterne und Gasnebel sehen, die mit bloßem Auge nicht zu erkennen waren. Ich richtete das Fernrohr auf die kleine Aussichtsplattform aus, auf der ich tags zuvor gestanden hatte. Dann sah ich durch das Objektiv, suchte die Trennlinie zwischen dem Fuß des Felsens und dem Wasser und spielte am Schärfenregler. Die verschwommene Fläche aus Grau und Blau nahm langsam klare Umrisse an. Ich drückte den Refraktor leicht nach unten und mein Blick sauste an der Felswand entlang nach oben.

Ich schnappte überrascht nach Luft. Am oberen Rand der Felswand stand das Mädchen. Ich erkannte sie sofort. Rock und Bluse hatte sie gegen ein buntes T-Shirt und Jeans ausgetauscht. Ich sah sie vor mir wie in einer Totalaufnahme. Ihr Gesicht war so verschlossen wie am Morgen, als sie zwischen den Felsen gesessen hatte. Sie beugte sich nach vorne und ich musste den Impuls unterdrücken, ihr etwas zuzurufen. Es war irritierend, sie zum Greifen nahe vor mir zu sehen und dabei zu wissen, dass sie selbst mich weder sehen noch hören konnte.

Den Strauß roter Blumen bemerkte ich erst, als sie ihn mit einer raschen Handbewegung fortwarf. Er überschlug sich und flog, für kurze Zeit vom Wind getragen, auf die Wasseroberfläche zu. Ich hätte meinen Hals verwettet, dass ihre Eltern nicht wussten, was sie dort veranstaltete. Und selbst wenn sie es wussten, war ich mir sicher, dass auch sie nichts mit dem seltsamen Verhalten anfangen konnten. Ich verfolgte den Fall der Blumen, und als ich das Fernrohr wieder hob, hatte der Gesichtsausdruck des Mädchens sich geändert. Sie lächelte.

Plötzlich hatte ich ein schlechtes Gewissen. Ich ließ das Fernrohr los und trat einen Schritt zurück. Es war, als habe das Mädchen mir ungewollt ein intimes Geheimnis gezeigt, etwas Persönliches, das nur sie selber etwas anging. Heute Morgen am See hatte sie mich genauso beobachtet, aber dabei hatte sie sich nicht versteckt. Sie zu beobachten, ohne dass sie davon wusste und so die Möglichkeit hatte, sich der Beobachtung zu entziehen, erschien mir nicht richtig. Es hatte etwas Verbotenes.

Und wie alles Verbotene war es unwiderstehlich.

Ich presste mein Auge wieder an das Objektiv, schwenkte das Fernrohr langsam von links nach rechts und fluchte. Von dem Mädchen war nichts mehr zu sehen. Sie war verschwunden und wie am Morgen wartete ich auch diesmal umsonst darauf, dass sie noch einmal auftauchte. Ich senkte das Fernrohr und suchte das Wasser ab. Der Blumenstrauß trieb immer noch auf der bewegten Oberfläche des Sees. Wann immer die Wellen sich hoben, blitzte das Rot der Blüten auf wie ein weit entferntes Leuchtfeuer in einer dunklen Nacht.

6

Die Zwillinge tobten ausgelassen über das Deck des kleinen, mit Touristen bepackten Passagierdampfers, den man regelmäßig auf dem See herumschippern sah. Oma hatte es geschafft, inmitten der immer noch lärmend an Bord drängenden Menschen eine Sitzbank zu ergattern, die sie eisern für den Rest der Familie besetzt hielt. Ich winkte ihr zu, lehnte mich gegen die Reling und betrachtete den belebten Hafen und die hinter ihm liegenden Häuser.

Mami fand Waldenburg *nett*. Aber obwohl mich bei unserem Spaziergang durch die Stadt nicht jeder blöde Fachwerkbalken in dieselbe Begeisterung versetzt hatte wie Paps, konnte ich diesem vernichtenden Urteil nur teilweise zustimmen. Waldenburg hatte eine alte und eine neue Seite, und die alte, den ehemaligen Stadtkern bildende Seite, hatte mir auf Anhieb gefallen.

Die Altstadt war zu einer Zeit entstanden, als Waldenburg noch ein Zentrum der Binnenfischerei und Forstwirtschaft in dieser Gegend gewesen war. Ich mochte die geduckten Häuser, die sich unter dem blendenden Licht der Sonne wie verängstigte Nachtgeschöpfe aneinander klammerten, und mir gefiel die mehr schlecht als recht erhaltene Burg, die sich dort über dem Hafen erhob, wo die Walde ruhig in den nach ihr benannten See strömte. Ihre Türme ragten hoch über den See und ich stellte mir vor, wie die Bewohner des Ortes von hier aus auf das Wasser und die Wälder geblickt hatten, die ihr Leben bestimmten.

Heute war Waldenburg eine Stadt, die ohne Tourismus nicht existieren konnte. Zahlreiche Geschäfte boten alles an, was man zum Campen, Segeln und Angeln benötigte. Miefige Andenkenläden verscheuerten unglaublichen Kitsch. Es gab Pensionen und Hotels, einen Supermarkt mit überhöhten Preisen und eine Unzahl von Cafés, an denen grellbunt gekleidete Urlauber vorbeiflanierten, als befänden sie sich auf der Uferpromenade von Cannes oder Nizza.

Mit einem sanften Dröhnen erwachte der Motor des Dampfers zum Leben. Kräftige Turbinen wirbelten das Wasser auf, dann ertönte ein dreifaches Tuten und wir legten ab. Die am Ufer und auf dem Anlegesteg versammelte Menschenmenge winkte dem Schiff fröhlich zu. Ich suchte die lachenden Gesichter nach denen des Mädchens oder seiner Eltern ab. Aber wie schon so oft an diesem Vormittag suchte ich auch diesmal vergebens.

Ich hätte Pola auf der Stelle erwürgen können, als sie am nächsten Morgen am Fußende meines Bettes stand und grinste. Sie trug ein buntes T-Shirt, das ihr bis weit über die Knie reichte, und in einer Hand hielt sie die Decke, die sie mir eben weggezogen hatte.

»Und wieder erwartet Sie ein strahlend neuer Tag in unserem kleinen Ferienparadies! Guten Morgen, Brüderchen.«

»Verdammt, was soll das?« Ich sah benommen auf meine Uhr. »Es ist nicht mal halb sieben!«

»Margarethe ist weg.«

Ich setzte mich ruckartig auf. »Was?«

»Hey, keine Panik!« Sie machte eine beschwichtigende Geste. »In den See gefallen ist sie schon mal nicht. Mami hat gehört, wie die Haustür zuknallte, und ist ihr sofort nachgerannt, hat sie aber nicht mehr erwischt. Jetzt stellt sie den Suchtrupp zusammen.«

»Hör auf zu grinsen. Scheiße.«

Keine Minute später war ich unten im Wohnraum. Ich hatte erwartet das Haus in hellem Aufruhr vorzufinden. Was sich mir stattdessen bot, war ein Bild wie der Schnappschuss vom Ende einer Mitternachtsparty.

Husch saß in Unterhemd und Badehose am Tisch und schlürfte verschlafen Kakao aus einem viel zu großen Becher, den er nur mit Mühe zwischen den Händen hielt. Mami stand am Fenster und rauchte und ich konnte mich kaum entscheiden, was zerknitterter aussah, ihr himmelblauer Pyjama oder ihr Gesicht. Dann trat Oma aus der Küche, bekleidet mit einem bunt bestickten Morgenrock. Sie stellte wortlos eine Kanne mit dampfendem Kaffee auf den Tisch und setzte sich. Ihr Mund wirkte seltsam verkniffen.

»Ich sag doch, kein Grund zur Panik.« Pola war hinter mir die Treppe heruntergekommen und setzte sich auf die unterste Stufe.

»Was ist los?«, fragte ich verwirrt. »Und wo ist Paps?«

»Schläft noch«, antwortete Mami knapp. Sie sah immer noch zum Fenster hinaus. »Er würde ein Kommandounternehmen aus der Sache machen und das ist nicht nötig. Margarethe wird schon wieder auftauchen.«

»Schön.« Ich setzte mich neben Husch und schenkte mir eine Tasse Kaffee ein. »Wenn sie nur einen kleinen Morgenspaziergang macht, warum habt ihr mich dann geweckt?«

Mamis Antwort kam aus einer blauen Rauchwolke. »Weil sie etwas mitgenommen hat, das wir finden sollten, bevor sie es verliert.«

»Sie ist mit Omas Zähnen abgehauen«, grinste Pola.

»Was?« Ich stellte überrascht die Kanne ab. »Ist das ein Witz?«

»Kein Witsch.« Oma versuchte ihren Mund nicht weiter als unbedingt nötig zu öffnen. Trotzdem konnte sie es nicht verhindern, dass man das rosige Schimmern ihres Gaumens sah. »Schie schtanden im Wascherglasch auf meinem Nachttisch. Jetscht schind schie weg.«

Husch starrte sie mit derselben Faszination an, mit der er vor wenigen Wochen im Museum das Skelett eines Dinosauriers bewundert hatte. Es war ausgleichende Gerechtigkeit. Natürlich tat Oma mir Leid, aber selbst ihr konnte die Ironie der Situation nicht entgangen sein, dass sie nur wenige Tage nach der Schlägerei mit Luise Rössner plötzlich selber ohne Zähne dastand. Allerdings sah sie nicht aus, als wäre ihr zum Lachen zu Mute. Alles, was sich in ihren Augen spiegelte, war eine tiefe Traurigkeit, für die das vermisste Gebiss unmöglich der Anlass sein konnte. Ich fragte mich einmal mehr, was seit Tagen in ihr vorging.

Mami kam zum Tisch, drückte die Zigarette aus und zündete sich sofort eine neue an. »Hast du eine Ahnung, wo sie sein könnte?«

»Nein.« Ich trank einen Schluck von dem heißen Kaffee und verbrannte mir die Zunge. »Ist sie sicher nicht am See?«

»Da habe ich nachgesehen. Selbst wenn es so wäre, sie hat die Rettungsweste mitgenommen.«

Das war mehr als beruhigend. Margarethe war von ihrer ersten Segeltour vor zwei Tagen so begeistert gewesen, dass sie danach niemand mehr dazu überreden konnte, die Schwimmweste auszuziehen. Wäre es nach ihr gegangen, hätte sie sogar darin geschlafen.

»Dann wird sie im Wald stecken«, vermutete ich. Ich blies vorsichtig in meine Tasse. »Vielleicht –«

Husch schaute von seinem Kakaobecher auf. Er hob die Nase in die Luft wie ein witterndes kleines Tier. Sekunden später ertönte das Klappern von Schritten auf der Veranda und Margarethe wieselte durch die Tür. Als sie uns alle versammelt sah, blieb sie verblüfft stehen. Sie trug tatsächlich die Rettungsweste, ergänzt durch die inzwischen obligatorische rote Badehose. Das fragende Lächeln auf ihrem Gesicht erlosch, als Mami sich vor ihr aufbaute.

»Margarethe Färber, ich frage dich nur einmal«, sagte sie eisig. »Was hast du mit Omas Gebiss angestellt?«

Margarethe sah sie mit großen Augen an. Sie stülpte die Unterlippe vor und pulte mit einem Finger nervös in ihrem linken Ohr herum, während sie die Frage verarbeitete. Als hinter ihr krachend die Tür zufiel, zuckte sie zusammen.

»Also, Fräulein?«

Sie nahm zögernd den Finger aus dem Ohr. »Ich hab es mitgenommen. Ich war bei Oma heute Morgen, aber sie ist nicht aufgewacht. Da hab ich es mitgenommen.«

»Wohin? Und was hast du damit angestellt?«

»Hab ich es vergraben.«

»Hast du *was*?« Mamis Stimme war unwillkürlich eine Oktave höher gerutscht. Sie war viel zu sauer um zu bemerken, dass sie Margarethes fehlerhaften Satzbau unwillkürlich übernommen hatte. »Soll das heißen, du hast es verbuddelt?«

Margarethe druckste eine Weile herum. »Nicht verbuddelt«, kam schließlich die Antwort. »Ich hab es ver ... ich hab es *be*graben.«

»Ein *Gebiss*?«

»Es war im Glas und ist nicht geschwommen«, verteidigte sich Margarethe trotzig. »Und wenn was nicht mehr schwimmen kann, dann ist es tot, und wenn was tot ist, muss man es begraben. So wie Flossie.«

Ihre kindliche Logik konnte Mami nicht erweichen. »Wo ist es begraben?«, fragte sie. »Findest du die Stelle wieder?«

»Es ist bei Flossie.«

»Wir gehen es sofort holen.« Mami strebte der Tür zu. »Und was ich mit dir anstelle, kleine Dame, das werde ich mir unterwegs einfallen lassen.«

Wahrscheinlich glaubte Margarethe, dass jetzt der Moment gekommen war, wo sie im Wald ausgesetzt oder an den Wanderzirkus verkauft werden sollte. Ihre Augen füllten sich mit Tränen. Husch krabbelte von seinem Stuhl und nahm sie in die Arme. Beide sahen mich bittend an.

»Ich komme mit«, sagte ich schnell. »Muss nur meine Schuhe holen.«

Ich rannte nach oben. Es dauerte eine Weile, bis ich die Turnschuhe unter dem Bett hervorgekramt hatte. Ich schlüpfte hinein und band die Schnürsenkel zu. Als ich wieder aufsah, stand Pola mit verschränkten Armen in der Tür. »Hast du gemerkt, wie komisch sie war?«, fragte sie.

»Wer?«

»Die Zahnfee.« Sie schüttelte den Kopf wie ein Arzt, der soeben einen hoffnungslosen Fall diagnostiziert hatte. »Mami natürlich, du Trottel! Sich so aufzuregen und Margarethe anzumachen wegen nichts. Ich meine, es ist schließlich nicht ihr Gebiss. Sie spinnt.«

»Vielleicht.« Ich ging zur Tür. »Was ist, kommst du mit?«

»Seh ich so aus? Ich geh wieder ins Bett. Ich bin zu jung für einen Friedhof.«

Morgentau regnete glitzernd von den Zweigen der Bäume, als Margarethe unsere kleine Prozession zielstrebig über einen schmalen Trampelpfad durch den Wald führte. Welkes altes Laub raschelte unter unseren Füßen, während der Weg immer enger und das Gestrüpp immer dichter wurde. Ich befürchtete schon, Margarethe hätte die Orientierung verloren, als sie ein paar tief hängende Äste zur Seite schob und wir uns unerwartet im Zentrum einer mit Moos und Farnen bewachsenen Lichtung wiederfanden.

Ich verstand sofort, warum die Zwillinge diesen Platz als Begräbnisstätte gewählt hatten. Er war perfekt. Rund um die Lichtung bildeten die Bäume einen fast geschlossenen Kreis. Ihre hoch aufragenden Wipfel schienen sich im Nichts zu verlieren und durch ihre Zweige fiel in waagrechten Strahlen vergoldetes Licht wie durch die Buntglasfenster einer Kirche. Der Anblick war fast überirdisch schön.

»Da liegt Flossie.« Margarethe zeigte auf eine kleine Erhebung am Rande der Lichtung. Nur einige lose darauf aufgeschichtete Steine ließen erahnen, dass es sich dabei um mehr handelte als um eine gewöhnliche Unebenheit des Waldbodens. »Und da ist der Gebiss.«

Ich wollte sie verbessern, aber mein Blick war ihrem ausgestreckten Zeigefinger gefolgt, und plötzlich hatte ich das Gefühl, den Boden unter den Füßen zu verlieren. Keinen Meter von Flossies Grab entfernt hob sich ein weiterer flacher Hügel. Und auf der fest geklopften dunklen Erde lag ein Strauß roter Blumen.

»Hast du den da hingelegt?«, fragte ich Margarethe.

Sie schüttelte den Kopf.

»Reizend«, sagte Mami nervös. »Buddelt ihr die Zähne jetzt bitte aus?«

Ich bückte mich und hob den Blumenstrauß auf. Er bestand aus Heckenrosen, die dicht unterhalb der Blüten abgepflückt worden waren und einen kaum wahrnehmbaren, modrigsüßen Duft verströmten. Mami und Oma schenkten den Blüten keine weitere Beachtung. Sie beobachteten Margarethe und Husch, die beide niedergekniet waren und gerade anfingen die Erde von dem Hügel wegzukratzen.

»Lasst mal, ich mach das schon.«

Ich musste nicht tief graben, bevor meine Finger auf etwas Hartes stießen. Ich zog den verschmutzten Klumpen aus rosarotem Plastik und elfenbeinweißen Zahnimitaten aus der Erde und drückte ihn Oma in die Hände.

»Kriegt man das Ding wieder sauber?«, fragte Mami. Sie beäugte das Gebiss misstrauisch, als wäre es ein Raubtier, das jeden Moment zubeißen könnte.

»Kein Problem«, sagte Oma. Sie wischte behutsam den gröbsten Schmutz von den Schneidezähnen. »Gebischreiniger.«

Mami strahlte sie an, als habe sie persönlich die letzten künstlichen Zähne auf Gottes schöner Welt gefunden. Das Gebiss war gerettet und damit war der Fall für sie erledigt. Sie beugte sich zu Margarethe hinab, drückte ihr einen Kuss auf die Stirn und lachte. »Wir hatten eine Menge Spaß, aber tu das nie wieder, Schätzchen!«

Es war eine ihrer typischen Kehrtwendungen, jemanden erst ihren geballten Zorn spüren zu lassen um ihm dann aus heiterem Himmel wieder in die Arme zu nehmen. Margarethe war unbekümmert genug, um sich fraglos darauf einlassen zu können. Für sie war die Welt nach Mamis Kuss wieder in Ordnung, aber Husch runzelte verwirrt die Stirn.

»Also, ab nach Hause«, sagte Mami.

»Ich, äh, ich muss mal eben austreten«, sagte ich. »Ich komm gleich nach.«

Ich wartete, bis alle gegangen und das Knacken der Zweige verklungen war. Dann drehte ich mich langsam im Kreis und musterte die umstehenden Bäume, das undurchdringliche Unterholz und die niedrigen Büsche.

»Wo bist du?«, flüsterte ich.

Seit ich das Mädchen zum letzten Mal gesehen hatte, waren zwei Tage vergangen. In diesen zwei Tagen hatte ich ständig nach ihr Ausschau gehalten und das nicht nur in Waldenburg. Ich hatte den See und die umliegenden Ufer mit dem Fernrohr abgesucht in der verrückten Hoffnung, sie irgendwo zu entdecken. Wenn ich nach dem Schwimmen neben Arnie in der Sonne gelegen hatte, hatte ich nicht gewagt die Augen zu schließen, aus Angst, sie zu verpassen. Sie war unsichtbar geblieben. Aber jetzt war ich sicher, dass sie sich in der Nähe versteckt hielt und mich beobachtete.

»Komm raus.«

Nichts rührte sich. Das Einzige, was ich deutlich hörte, war das Rauschen des Blutes in meinen Ohren, und alles, was ich sah, war flimmerndes helles und dunkles Grün, wo das Sonnenlicht sich in den Ästen der Bäume verfing. Nach einer Minute angestrengten Lauschens und Beobachtens kam ich mir vor wie ein Trottel. Trotzdem blieb ich stehen. Ich weigerte mich zu glauben, dass ich mich täuschte und das Mädchen nicht hier war.

»Zeige dich mir.«

Ihre blonden Haare fingen das Licht ein, als sie sich wie ein Schatten von einem der Baumstämme löste und lautlos einen Schritt nach vorn machte. Es war gespenstisch. Sie musste die ganze Zeit dort gestanden und mich beobachtet haben. Dass ich sie am See zwischen den Felsen nicht gesehen hatte, hatte ich dem Nebel zugeschrieben. Aber hier hätte ich sie bemerken müssen, sie trug abgeschnittene Jeans und ein auffällig helles Hemd. Es war, als besäße sie die Gabe, mit ihrer jeweiligen Umgebung zu verschmelzen.

Sie kam einen weiteren Schritt auf mich zu.

Ich hätte alles dafür gegeben, wenn sie dabei gelächelt hätte, aber ihr Gesicht war so regungslos, wie es mir von unserer Begegnung am See in Erinnerung war. Ihre kleine Nase passte nicht ganz zu den fein geschwungenen breiten Lippen und die Augen mit den blassen Wimpern standen einen Tick zu nahe beieinander. Wir musterten uns, ich stand wie erstarrt und ein Prickeln durchströmte meinen Körper bis in die Fingerspitzen.

»Komm mit mir an den See«, sagte sie.

Die Sonnenstrahlen hatten die Felsen noch nicht aufgewärmt. Ich konzentrierte mich auf die Kälte unter meinen Handflächen und versuchte meinen flatternden Herzschlag unter Kontrolle zu bringen. Das Mädchen hatte mich schweigend durch den Wald geführt und sie schwieg auch jetzt noch, als wir schon eine ganze Weile nebeneinander gesessen und über den See geschaut hatten, der vor uns lag wie ein glattes weißes Leinentuch. Schließlich sagte ich nervös das Erste, was mir in den Sinn kam.

»Du ... du hast ausgesehen wie eine Dryade, als du da zwischen den Bäumen herausgekommen bist.«

Herzlichen Glückwunsch, Herr Färber! Das war wohl der dümmste Satz, mit dem ich je eine Unterhaltung begonnen hatte. Ich hatte mir hundert verschiedene Gespräche mit dem Mädchen ausgemalt, aber in keinem hatten griechische Sagengestalten eine Rolle gespielt.

»Was ist eine Dryade?«, fragte das Mädchen ruhig.

»Eine Baumnymphe.« Mir blieb nichts übrig, als gute Miene zum bösen Spiel zu machen. »In der Antike glaubte man, dass jeder Baum von einer Nymphe bewohnt wird. Beide sind voneinander abhängig. Wenn die Dryade stirbt, dann geht auch der Baum zugrunde. Wird der Baum zerstört, endet auch das Leben seiner Bewohnerin.«

»Woher weißt du solche Dinge?« Zum ersten Mal sah sie mir direkt in die Augen und ich drückte die Handflächen fester gegen den Fels.

»Griechische Mythologie. Na ja, eigentlich beschäftige ich mich mit Astronomie. Sterne beobachten, den Mond und solche Sachen, du weißt schon. Die alten Griechen sahen in vielen Sternbildern an den Himmel versetzte Götter und Helden und zu jedem von ihnen gibt es eine Geschichte. Nach einer Weile kennt man sich dann aus.«

»Ah. Das habe ich nicht gewusst.«

»Die meisten Leute wissen es nicht. Hey, wir könnten, ich meine, falls es dich interessiert, zeige ich dir mein Fernrohr, ein paar Sternbilder . . .!«

. . . nicht zu vergessen die Briefmarkensammlung. Mein Gott, ich benahm mich wirklich wie der letzte Idiot! Das Mädchen schaute mich abwartend an. Ich wäre am liebsten im Erdboden versunken und suchte verzweifelt ein unverfängliches Thema.

»Was ... was macht ihr so im Urlaub, du und deine Eltern?«

»Wir fahren jeden Tag irgendwohin. Es gibt viel zu sehen in der Gegend.« Ihre Stimme war nicht so sanft, wie ich sie mir vorgestellt hatte, sondern angenehm rau.

»Wart ihr schon in Waldenburg?«

»In der Stadt?« Sie schüttelte den Kopf. »Meine Mutter meint, mit Städten hätte sie genug in ihrem Beruf zu tun. Sie ist Architektin.«

»Klingt interessant. Und dein Vater?«

»Er ist Lehrer.« Sie bemerkte meinen amüsiert-ungläubigen Gesichtsausdruck und fügte schnell hinzu: »Ich weiß, was du jetzt denkst. Mein Vater ist ... ist manchmal sehr aufbrausend. Es tut mir Leid, dass er sich neulich so unmöglich benommen hat.«

»Keine Ursache. War ja nicht deine Schuld.«

»Es wird nicht wieder vorkommen. Erzähl mir etwas von dir und deiner Familie.«

In meiner Unsicherheit plapperte ich drauflos wie ein Papagei, und obwohl sie aufmerksam zuhörte, kam es mir so vor, als wäre sie mit einem Teil ihrer Gedanken ganz woanders. Trotzdem hatte ich das Gefühl, dass wir einander ähnlich waren, wie verschiedene Instrumente, die nur noch aufeinander abgestimmt werden mussten.

»Es ist schön, eine große Familie zu haben, oder?«, fragte sie, als ich begeistert von den Zwillingen erzählt hatte.

Ich zuckte die Achseln. »Es hat seine Vorteile,

kann aber manchmal auch ziemlich nerven. Wenn man endlich mal allein sein will, zum Beispiel.«

»Was machst du, wenn du allein bist?«

»Hier? Ich schwimme und den Rest der Zeit ... Na ja, ich lese ganz gerne. Abends hänge ich dann die meiste Zeit vor dem Fernrohr.«

Und manchmal auch tagsüber um dich zu beobachten.

»Du schwimmst viel, oder?«

»Ja. Zu Hause bin ich in der Schulmannschaft.« Es war jetzt oder nie. Ich versuchte die Frage so natürlich wie möglich klingen zu lassen. »Was hast du am See gemacht, vorgestern? War es nicht ein bisschen früh für ein Bad, noch dazu in Klamotten?«

Sie blickte so lange auf das Wasser, dass ich befürchtete schon wieder eine falsche Frage gestellt zu haben. »Ich war spazieren«, sagte sie dann ohne mich anzuschauen. »Ich mag die Ruhe, die morgens am Wasser herrscht.« Sie machte eine kleine Pause. »Du magst sie auch, oder?«

»Die Ruhe?«

»Warum würdest du sonst Sterne beobachten?«

Ihre Schlussfolgerung war verblüffend, aber mir war nicht entgangen, dass sie damit dem letzten Teil meiner Frage geschickt ausgewichen war. Das verstärkte zwar meine Neugier, aber wenn sie nicht darüber sprechen wollte, wollte ich sie nicht drängen.

»Es gibt ein Gedicht, das ich sehr mag«, sagte sie plötzlich. »Es beschreibt diese Ruhe, die ich meine. Und es passt zu dem See. Willst du es hören?«

Ich nickte und sie strich mit einer Hand die langen Haare zurück, die wie ein Vorhang über ihre Augen fielen.

»Tiefe Stille herrscht im Wasser,
Ohne Regung ruht das Meer,
Und bekümmert sieht der Schiffer
Glatte Fläche ringsumher.«

»Es ist hübsch«, sagte ich etwas hilflos, nachdem ich eine Weile umsonst darauf gewartet hatte, dass sie noch etwas sagte. »Aber ziemlich traurig, findest du nicht? Geht es noch weiter?«

»Nein. Es hat nur die eine Strophe.« Sie bückte sich nach einem Kiesel, ließ ihn zu ihren Füßen ins Wasser fallen und beobachtete, wie die sich ausbreitenden Wellen unsere Spiegelbilder miteinander verschwimmen ließen. »Ich muss gehen«, sagte sie schließlich.

Ich fühlte einen kleinen Stich. Ich wollte nicht, dass sie ging. Ich wollte mit ihr hier am See sitzen bleiben, und dass sie offensichtlich nicht denselben Wunsch hatte, verursachte in mir beinahe so etwas wie Panik. »Sehen wir uns noch mal?«, fragte ich.

»Ich weiß nicht.« Sie ließ einen weiteren Stein ins Wasser fallen. »Meine Eltern hätten bestimmt etwas dagegen ...«

»Wir müssen uns ja nicht allein treffen«, erwiderte ich schnell. »Ich kann Arnie mitbringen. Er ist mein Freund, du kennst ihn sicher vom Sehen. Dann könnten wir gemeinsam etwas unternehmen, oder?«

Es war nicht das, was ich wollte, aber wenn es der einzige Weg war, sie zu einem Wiedersehen zu bewegen, dann musste es eben sein. Ich fragte mich, wie Arnie reagieren würde.

Sie zögerte und überlegte, dann nickte sie. »In Ordnung. Aber kommt nicht zu unserem Haus. Mein Vater ... würde das nicht mögen.«

»Heute noch?«

»Nein. Morgen Nachmittag.«

Es war besser als nichts. »Also dann, morgen Nachmittag. Um drei Uhr hier?«

»Ja. Ich freue mich darauf.«

Es war das erste Mal, dass sie lächelte. Sie stand auf und ging, ohne ein weiteres Wort, ohne sich umzudrehen oder mir noch einmal zuzuwinken. Ich sah ihr nach, bis sie wieder im Wald verschwunden war, dann stand ich auf und ging ebenfalls.

Ich hatte vielleicht nicht damit gerechnet, auf Wolken zu schweben. Aber genauso wenig hatte ich ein Gefühl erwartet, als bewegte ich mich auf spiegelglattem Eis. Noch mehr als zuvor war das Mädchen mir ein Rätsel. Ihr ganzes Verhalten war undurchschaubar und seltsam und je länger ich über sie nachdachte, desto mehr erschien sie mir wie ein abstraktes Gemälde, auf dem unterschiedliche Farben und Formen sich auf geheimnisvolle Weise zu Schönheit ergänzen, ohne dass man dahinter kommt, was mit dem Bild ausgesagt werden soll. Nach einer Weile des Betrachtens fühlt man sich überfordert und das war exakt der Eindruck, den das Zusammensein mit dem Mädchen bei mir hinterlassen hatte. Ich war ratlos.

Erst als ich zu Hause angekommen war und die Verandatreppe hinaufstieg, fiel mir ein, dass wir uns beide nicht nach unseren Namen gefragt hatten.

In dieser Nacht träumte ich. Ich stand in strahlendem Sonnenlicht am Ufer des Waldensees. Seine Oberfläche war glatt und grau wie geschmolzenes Blei, doch unter dieser Oberfläche lag etwas Dunkles, das machtvoll nach oben drängte und mich in schreckliche Angst versetzte. In der Tiefe herrschte ein unvorstellbarer Aufruhr wirbelnder Strudel, die darauf warteten, brüllende Stürme in die Welt zu spucken. Aber das Wasser des Sees blieb ruhig.

Dann verdunkelte sich die Sonne und Milliarden von kalt schimmernden Sternen bedeckten den Himmel. Ich suchte unter ihnen nach dem Gesicht des Mädchens, aber noch bevor ich es finden konnte, erloschen die Sterne wie verglühende Sternschnuppen, und der Himmel war leer, leer und schwarz und so glatt wie das Wasser des schweigenden Sees.

7

»Mann, wie lang willst du eigentlich noch warten? Die kommt nicht mehr. Kannst du abhaken!«

»Danke für deinen Zuspruch. Du bist ein echter Freund.«

»Muss ich auch sein, wenn ich mir hier freiwillig die Beine in den Bauch stehe.«

Arnie stand auf demselben Felsen, auf dem ich gestern mit dem Mädchen gesessen hatte. Er ließ gelangweilt einen Stein nach dem anderen über den See flitschen, während ich nervös am Ufer hin und her lief und dabei die Straße und den Waldrand beobachtete.

»Und hör endlich auf mit deinem Gerenne! Das treibt einen ja in den Wahnsinn.«

»Ja, ja. Reg dich ab.«

Wir warteten seit über einer Stunde auf das Mädchen und je weiter die Zeit vorangeschritten war, desto größer war meine Enttäuschung geworden. Der Gedanke, sie könnte unsere Verabredung vergessen haben, war mir unerträglich.

Das Wetter war ein Spiegelbild meiner Laune. Es war immer noch heiß, aber über Nacht waren kleine Wolken aufgezogen, die langsam über den Himmel trieben und von Zeit zu Zeit die Sonne hinter sich versteckten. Kräftiger Wind hatte dafür gesorgt, dass stündlich mehr Segelboote auf dem Waldensee kreuzten.

»Sie will dich nicht kennen lernen, das ist es.«

Arnie lachte selbstbewusst. »Dann weiß sie nicht, was sie verpasst.«

»Wahrscheinlich kommt sie nicht, *weil* sie es weiß.«

»Idiot.«

Ich hatte eine ganz andere Vermutung. Die Eltern des Mädchens hatten von unserer Verabredung Wind bekommen und das Treffen verhindert. Das war die einzig sinnvolle Erklärung. Und um herauszufinden, ob es auch die richtige war, gab es nur einen Weg. Der führte zwar in die Höhle eines Löwen mit Hawaii-Shirt, aber ich hatte das Warten satt.

»Ich gehe zu ihr«, beschloss ich laut. »Kommst du mit?«

Arnie holte weit aus, warf den letzten Stein über den See und sah ihm nach, als er in den Wellen versank. Dann schüttelte er den Kopf. »Ist nicht mein Ding.«

»Komm schon! Wo ist dein Sinn für das große Abenteuer?«

»Mit Abenteuer hat das nichts zu tun.« Er sprang von dem Felsen und kam auf mich zu. »Hör mal, du hast mich hier als Anstandswauwau eingeplant und das ist okay. Hätte ich an deiner Stelle genauso gemacht. Aber eigentlich willst du sie doch allein sehen, oder?« Er legte eine Hand auf meine Schulter und senkte in gespieltem Bedauern die Stimme. »Und daher, mein Freund, musst du diesen schweren Weg ohne mich gehen.«

»Okay, okay.« Natürlich hatte er Recht. Ich war ihm schon dankbar genug, dass er auf die hinter seinem Rücken getroffene Verabredung mit dem Mädchen nicht sauer reagiert hatte. »Aber dann erklär mir wenigstens, wie ich das Haus finde.«

»Ist nicht so schwer. Am besten, du schleichst dich von hinten an. Musst dich dazu durch den Urwald schlagen, aber so bemerkt dich wenigstens der Alte nicht, wenn du anrückst.« Er beschrieb mir den Weg, der ein ganzes Stück in nordwestlicher Richtung durch den Wald auf die Rückseite der Landzunge führte. Dann grinste er. »Ich wink euch zu, wenn ihr auf der rosaroten Wolke vorbeischwebt. Wenn nicht, sehen wir uns irgendwann morgen, okay?«

»Okay. Drück mir die Daumen.«

»Mach ich. Und tu du mir einen Gefallen.«

»Soll ich sie von dir grüßen?«

»Nein. Frag sie diesmal nach ihrem Namen.«

Ich hatte keine Angst, mich zu verlaufen. Ich vertraute dem Band, das zwischen dem Mädchen und mir gesponnen war, wie Theseus dem Faden der Ariadne vertraut hatte, als er in das Labyrinth von Knossos zog um den Minotaurus zu töten. Bei dem Gedanken an das stierköpfige Ungeheuer stellte sich mir die Frage, was ich tun würde, falls das Hawaii-Shirt mich erwischte. Es war nicht verboten, durch den Wald zu laufen, und ein Ferienhaus war auch kein Privateigentum. Trotzdem konnte eine Begegnung mit dem

Mann unangenehm werden, nicht zuletzt für das Mädchen. Das Beste würde sein, ihm erst gar nicht in die Arme zu laufen.

Die Wipfel der Bäume waren so undurchlässig, dass kaum ein Sonnenstrahl auf den Waldboden fiel. Trotzdem hatte ich begonnen zu schwitzen. Nach zehn Minuten hatte ich die Orientierung verloren und weitere zehn Minuten später musste ich verärgert feststellen, dass ich mich im Kreis bewegt hatte. Ich blieb stehen und wischte mir den Schweiß von der Stirn. Arnie hatte nicht übertrieben, ich kam mir vor wie in einem Dschungel. Bäume und Gestrüpp standen mittlerweile so dicht beisammen, dass ich vergebens nach einer Lücke zwischen ihnen Ausschau hielt um wenigstens die Lage des Sees ausmachen zu können.

Beim nächsten Anlauf hatte ich mehr Glück. Ich hatte mich durch einige besonders hartnäckige Sträucher gekämpft und fand mich unerwartet am oberen Rand einer Böschung wieder. Unterhalb der Böschung stand das Haus. Ich war wie geplant an seiner Rückseite angekommen und ich sah sofort, dass es die richtige Adresse war. Eins der Fenster im oberen Stockwerk stand offen. Dahinter befand sich ein Zimmer, dessen Ausstattung sich von der meines eigenen kaum unterschied. Weiße Wände, ein Stuhl, ein Schrank, ein Bett. Und auf dem Bett lag das Mädchen. Sie trug nur einen Slip und ein Unterhemd, hatte sich auf einer geblümten Decke wie ein Fötus zusammengerollt und schlief.

»Hey!« rief ich leise.

Sie rührte sich nicht, aber noch lauter nach ihr zu rufen wollte ich nicht riskieren. Der Blick auf die gegenüberliegende Seite des Hauses war durch die überall sprießende Vegetation versperrt und möglicherweise hielten ihre Eltern sich dort auf der Veranda auf. Ich überlegte. An der Rückwand des Hauses hinaufzuklettern konnte ich vergessen. Sie war von oben bis unten und über die gesamte Breite mit wuchernden Heckenrosen bewachsen. Überall ragten halb geöffnete rote Blüten aus dem dornigen Gebüsch hervor, das sich bis dicht unter das offene Fenster rankte. Das sah hübsch aus, brachte mich aber keinen Schritt näher an das Mädchen heran. Immerhin wusste ich jetzt, woher sie die Blumensträuße bezog, die sie auf obskure Gräber legte oder in den Waldensee warf.

Wach auf! Verdammt noch mal, wach auf!

Den Gedanken, um das Haus herumzulaufen, dort anzuklopfen und ihre Eltern zu fragen, ob sie ihre schlafende Tochter wecken würden, ließ ich sofort wieder fallen. Das würde nur Ärger geben und davon hatte ich dem Mädchen schon genug eingebrockt. Dafür, dass sie in ihrem Zimmer lag und schlief, konnte es nur einen Grund geben: Sie hatte Hausarrest.

Schöne Pleite.

Es gab nichts, was ich tun konnte. Aber sobald ihre Eltern den Hausarrest aufhoben – denn schließlich konnten sie sie nicht tagelang einsperren –, würden wir uns wiedersehen. Wir würden uns wiedersehen und bis dahin würde ich warten.

Ich warf einen letzten langen Blick in das Fenster, drehte mich um und tauchte in den Wald ein.

Pola lag im Liegestuhl auf der Veranda und brutzelte in der Sonne. Als sie mich näherkommen sah, ließ sie das dicke Buch sinken, in das sie vertieft gewesen war. Ihre grünen Augen fixierten mich neugierig. »Hast du Brombeeren gepflückt oder warum bist du so verkratzt?«

»Ich war spazieren.« Ein Verhör durch Pola war das Letzte, was mir jetzt noch fehlte. »Wo sind die anderen?«

»Sind alle zum Segeln, außer Oma. Sie hat sich hingelegt. Fühlt sich nicht wohl oder so.«

»Und wie fühlst du dich?«

»Danke der Nachfrage, beschissen.« Sie grinste und tippte auf das Buch. »Aber ich mache es wie Scarlett O'Hara in *Vom Winde verweht* und beiß die Zähne zusammen ... wenn ich nicht gerade die Tage zähle. Ist mit dir alles okay?«

Die Frage überraschte mich – nicht nur, weil sie so unerwartet kam, sondern auch, weil sie das verlockende Angebot enthielt, mich Pola anzuvertrauen. Ich wägte es kurz ab und entschied mich dagegen. Was konnte ich schon erzählen? Wie sollte ich Pola verständlich machen, dass meine Gefühle für das Mädchen etwas anderes waren als ihre Gefühle für Michael, Stefan und wie sie sonst noch hießen, ohne sie damit zu verletzen? Denn davon war ich inzwischen überzeugt: Es waren weder der Sturm noch das Prickeln im Bauch, die mich zu dem Mädchen hinzogen, und auch nicht der Gedanke an Küsse oder mehr. Was ich für sie empfand, war eine tiefe Verbundenheit, die ich nicht in Worte fassen konnte. Es gab etwas, das wir miteinander teilten, auch wenn ich nicht wusste, was es war. Vielleicht war es Liebe. Sie machte Liebe an Namen fest. Das Mädchen hatte keinen Namen.

»Alles okay«, beantwortete ich die Frage.

Pola nickte, dann widmete sie sich wieder den Abenteuern Scarlett O'Haras. Ich war nicht sicher, ob sie mir die Lüge abgekauft hatte, aber selbst wenn es nicht so war, ließ sie mich in Ruhe, und dafür war ich ihr dankbar.

Ich stand etwas hilflos herum und überlegte, was ich tun sollte. Ich konnte Arnie suchen, ihm von meiner gescheiterten Mission erzählen und mit ihm schwimmen gehen. Ich konnte am Steg auf die *Lavinia* warten in der Hoffnung, dass Paps mich heute endlich mal das Ruder übernehmen ließe. *Du könntest dich um Oma kümmern,* dachte ich. *Vielleicht rückt sie endlich damit raus, was mit ihr los ist.*

Es war einen Versuch wert, auch wenn ich gewettet hätte, dass Oma sich lieber die Zunge abbeißen würde als über ihre Gefühle zu reden.

In dem kleinen Schlafzimmer war es angenehm kühl. Ein Luftzug wehte durch die geöffneten Fenster und brachte die frischen Gräser und bunten Blumen, die in einem blauen Krug in einer Ecke des Raums standen, zum Erzittern. Auf dem Nachttisch stapelte sich ein buntes Durcheinander aus zerlesenen Krimis, Schreibzeug und emaillierten Pillendöschen. Oma saß auf ihrem Bett, mit hochgelegten Beinen und einem Kissen im Rücken. Ich konnte kaum glauben, dass die unscheinbare Bluse und der unauffällige helle Rock, die sie trug, wirklich zu ihrer Garderobe gehörten. Sie las eine Zeitung, die sie zur Seite legte, als sie mich eintreten sah.

»Logo! Wie nett von dir mal reinzuschauen.«

»Pola sagt, dir geht's nicht gut.«

»So?« Sie nahm ihre Lesebrille ab, fuhr sich über die Augen und lächelte mich an. »Das ist ein bisschen übertrieben. Es ist mir nur zu warm draußen.«

»Oh, aber es hat sich etwas bewölkt und es ist windig. Es ist sehr schön mit der Sonne und so, und . . . na ja.«

»Und?«, fragte Oma.

Sie legte die Brille auf dem Nachttisch ab. Sie war nicht blöde, sie wusste, dass ich nicht gekommen war um den Wetterbericht abzuliefern. Und auf einmal erschien mir alles sehr einfach. Was konnte schon schief gehen, wenn ich sie auf das ansprach, was in ihr vorging? Im schlimmsten Fall würde sie ihre Gedanken für sich behalten und mich einfach hinauskomplimentieren. Es waren ihre Sorgen und ich konnte nicht mehr tun als ihr anzubieten mit mir darüber zu reden.

»Weißt du, ich hab mich gefragt, warum du so anders bist, seit wir hier sind«, begann ich zögernd. »Ich denke, es hat was mit Frau Rössner zu tun und mit Opa, aber ich verstehe es nicht. du bist ... so traurig die ganze Zeit.«

Es war heraus und ich erwartete atemlos ihre Reaktion. Oma ließ ihren Blick von mir zu dem Krug mit den Gräsern wandern. Sie legte einen Finger an die Lippen und überlegte lange. Ich war überrascht, wie deutlich sich die beiden gegensätzlichen Gefühle, die sie bewegten, auf ihrem Gesicht abzeichneten: Der Wunsch, sich jemandem anzuvertrauen, und der Wunsch, sich keine Blöße zu geben. Dann nickte sie, als wäre sie zu einem Entschluss gekommen.

»Weißt du, nach dem Zusammenstoß mit Luise habe ich mir zunächst keine großen Gedanken gemacht«, sagte sie. »Es war passiert und nicht rückgängig zu machen und ich hatte genug damit zu tun, die Ärmste zu beruhigen. Aber dann fing ich an nachzudenken.«

»Worüber?«

»Darüber, wie alles zusammenhängt. Ich hatte so vieles lange in mir verschlossen, Dinge, die nach dem Streit mit Luise plötzlich wieder auftauchten. Und seit wir hier sind ... Es geht um eure Mutter, Logo, und auch um euch.«

Das kam überraschend. »Ich dachte, es hätte was mit Opa zu tun.«

»Ja, aber nur indirekt und nicht so, wie du es dir vielleicht vorstellst.«

Sie war immer noch unsicher und sie musterte

mich lange, bevor sie weitersprach – als wollte sie sich vergewissern, dass ich in der Lage war, sie auch wirklich zu verstehen.

»Setz dich zu mir«, sagte sie endlich. »Das ist eine längere Geschichte.«

Ich setzte mich neben sie auf die Bettkante, angespannt und erwartungsvoll. Was auch immer Oma jetzt erzählte, sie war bereit mich an etwas teilhaben zu lassen, das sie sonst sorgfältig verbarg.

»Lass mich mit deinem Großvater anfangen. Als wir uns kennen lernten, waren wir beide sehr jung. Es war zu Beginn des Krieges. Opa war stürmisch, voller Ideale und dafür liebte ich ihn. Der Krieg verkörperte für ihn den Gegensatz zu allen Ideen von der schöneren und besseren Welt, die er sich erträumte. Wir hassten die Nazis, das unglaubliche Elend und Leid, das sie über die Menschen brachten, auch wenn ich zugeben muss, dass wir das nie offen zeigten. Andere waren mutiger als wir ... Dass Opa trotzdem an die Front ging, lag nicht nur daran, dass er musste. Die Menschen sind eitel. Er zog in den Krieg, weil er sich einbildete dem Wahnsinn so ein schnelleres Ende bereiten zu können. Und wie es weiterging, weißt du. Was dein Großvater auf den Schlachtfeldern und in der Gefangenschaft erlebte, hat alles zerstört, woran er glaubte. Er zerbrach daran, und als er starb, zerbrach auch etwas in mir.«

Sie machte eine kurze Pause, und als sie fortfuhr, huschten ihre Finger dabei unruhig über die Bettdecke. »Die Welt war hart und um zu überleben wurde ich ebenso hart. Ich musste eine kleine Tochter durchbringen und trotz der vielen netten Geschichten aus der Nachkriegszeit, trotz geklauter Schuhe und der Freude über ein Stück Butter war es alles andere als romantisch, das kannst du mir glauben! Wer nicht lernte sich durchzusetzen, blieb auf der Strecke. Und ich lernte schnell, Logo. Das war die Zeit, als ich anfing Fehler zu machen.«

»Was für Fehler?«

»Kinder sind sensibel. Als deine Mutter bemerkte, dass ich immer verschlossener wurde, hat sie auf ihre Art darauf reagiert. Ihr fehlte meine Wärme. Und vielleicht hat sie gedacht, wenn sie mir einen Teil meiner Sorgen abnähme, würde meine Härte verschwinden und dafür die Wärme an ihre Stelle treten, die sie so sehr vermisste. Ich weiß es nicht. Jedenfalls fing sie an mich zu unterstützen, wo sie nur konnte. Sie wurde zu einem ungewöhnlich selbstständigen kleinen Mädchen und ich war sehr stolz auf sie. Aber begriffen hatte ich nichts.«

Langsam begann ich zu verstehen, worauf sie hinauswollte. »Es ist das, was Mami immer von uns fordert, besonders von den Zwillingen. Auf sich selbst aufpassen, allein mit der Welt zurechtkommen. Selbstständig sein.«

Oma nickte. »Liebe zu bekommen war für deine Mutter nie eine Selbstverständlichkeit. Sie musste sie sich verdienen. Und jetzt erwartet sie von euch Kindern, dass ihr euch *ihre* Liebe verdient. Sie ist hart geworden, Logo, so hart, wie sie es von mir gelernt hat. Wenn du keine Liebe erhältst, schottest du dich von der Welt ab.« Sie seufzte, faltete die Hände und legte sie in den Schoß. »Ich befürchte, ich habe eine Menge falsch gemacht. Und ihr müsst es jetzt ausbaden.«

»Keiner kann dir das vorwerfen. Ich meine, es war ja nach dem Krieg. Du hattest deinen Mann verloren und alles . . .«

»Es ist leicht, sich damit herauszureden. Die beste Entschuldigung für persönliches Versagen ist der Hinweis auf Notwendigkeiten und die Behauptung, man hätte nicht anders gekonnt. Man wird erfinderisch, wenn es darum geht, sich vor der Verantwortung zu drücken.«

Ich wollte etwas sagen, aber sie hob eine Hand und wehrte meinen Einwand ab. »In den letzten Tagen hatte ich genügend Gelegenheit, deine Mutter im Umgang mit euch zu beobachten. Und was ich gesehen habe, gefällt mir nicht. Sie wiederholt meine Fehler. Oh, natürlich nicht alle, denn sie will euch anders erziehen, als ich sie erzogen habe. Deshalb hat sie sich wegen Pola mit deinem Vater gestritten. Aber gestern, als mein Gebiss verschwunden war, hätte sie sich um Margarethe Sorgen machen müssen, nicht um mich. Sie denkt noch immer, sie müsse sich um mich kümmern, weil sie immer noch nach meiner Liebe sucht. Und in solchen Momenten bin ich wie gelähmt.«

»Warum sprichst du nicht mit ihr darüber?«

»Das würde ich gerne tun. Aber es ist sehr schwer, etwas zu ändern, das sich vor langer Zeit eingeschliffen hat. Und ich habe Angst vor ihrer Reaktion.«

»Man kann immer einen Anfang machen. Und ihr seid erwachsene Leute.«

»Erwachsen sein bedeutet nicht keine Unsicherheiten und Ängste mehr zu haben. Auch wenn Menschen wie dein Vater das Gegenteil behaupten würden.«

»Wie meinst du das?«

Sie lächelte verschmitzt. »Großer Kaffeeklatsch, was? Ich erklär's dir. Aber vorher sei so lieb und hol mir ein Glas Wasser.«

Ich lief in die Küche, ließ Wasser in ein Glas laufen und sah dabei aus dem Fenster. Der Wind war noch stärker geworden und die Schatten unzähliger kleiner Wolken jagten wie dunkle Tuchfetzen über den See und das Land. Paps und seine Mannschaft würden bald wieder eintrudeln.

»Also, wie meintest du das mit Paps?«, fragte ich, als ich wieder neben Oma saß.

Sie trank einen Schluck Wasser und wischte sich über die Lippen. »Diese Frage kannst du leicht selbst beantworten. Denk einfach darüber nach, wie er sich dir und Pola gegenüber verhält.«

Ich überlegte eine Weile. »Er tut immer so, als wüsste er über alles Bescheid, dabei weiß er überhaupt nichts. Nichts über Pola oder mich, meine ich. Nichts über unsere Gefühle. Ich merke manchmal, wie nervös ihn das macht ... Ich glaube zum Beispiel, er spürt ziemlich deutlich, wie sehr ich es hasse, von ihm herumkommandiert zu werden. Aber er würde mich nie darauf ansprechen. Er macht einfach die Augen zu.«

Oma nickte. »Genau das habe ich vorhin gemeint. Er würde Unsicherheiten nie zugeben, nicht einmal vor sich selbst. Menschen wie er machen es sich einfach, sie leben ihr Leben geradeaus. Für sie gibt es keine Seitenstraßen und so auch keine nennenswerten Enttäuschungen. Man sollte ihnen keinen Vorwurf daraus machen. Jeder von uns hat seine Geschichte und umsonst ist auch dein Vater nicht so geworden, wie er ist. Aber jeder Mensch besitzt die Fähigkeit, sich selbst zu erkennen und Dinge zu ändern. Dein Vater ist zu bequem dazu und das ist der Grund, warum ich ihn nicht besonders mag.«

Sie kratzte sich am Kopf und grinste. »Vielleicht ist das typisch für Männer. Sie glauben mit sich und ihren Gefühlen am besten allein klarzukommen, und dass es ein Zeichen von Schwäche ist, Unsicherheiten zuzugeben. Das macht sie so dumm. Und darum habe ich nie mehr geheiratet.«

»Er und Mami behandeln Pola und mich wie kleine Kinder.«

»Überrascht dich das? Sie haben einfach Angst davor, euch zu verlieren. Deine Eltern mögen ihre Fehler haben und einer davon ist, dass sie euch nicht zeigen, wie sehr sie euch lieben. Und jeder hat Angst davor, das zu verlieren, was er liebt. Pola und du, ihr werdet erwachsen. Solange deine Eltern euch nicht als Erwachsene sehen, müssen sie sich nicht dem Gedanken stellen, dass ihr irgendwann eure eigenen Wege gehen werdet.«

»Aber das ist falsch. Pola leidet richtig darunter. Neulich hat sie sich gewünscht, Paps und Mami würden tot umfallen.«

Oma lachte. »Angesichts ihrer Lage ist das auch kein unverständlicher Wunsch, oder? Aber wenn er in Erfüllung ginge, würde sie das große Heulen kriegen.«

Sie trank noch einen Schluck Wasser und betrachtete versonnen einen Schmetterling, der draußen vor dem Fenster vorbeitorkelte. Wir schwiegen beide, aber es war ein schönes Schweigen. Wir waren uns noch nie so nahe gewesen und ich war stolz darauf, dass Oma sich mir anvertraut hatte.

»Wird Mami mit sich reden lassen?«, fragte ich.

»Ich werde es versuchen, aber man sollte nie zu viel erhoffen. Allerdings soll man auch nie die Hoffnung aufgeben. Kannst du dir das merken, junger Mann?«

Ich nickte.

Sie gähnte, zog das Kissen hinter ihrem Rücken hervor und schüttelte es auf. »Gut, dann erkläre ich die Audienz hiermit für beendet. Du hast was fürs Leben gelernt und die Königin will schlafen.« Sie grinste. »Ich würde dir gern Geld für ein Eis geben. Aber ich hab die letzte Rente mit Luise beim Pferderennen verzockt.«

Als ich zu Pola auf die Veranda trat und auf den See blickte, sah ich die *Lavinia* unten am Bootssteg schaukeln. Paps, Mami und die Zwillinge kamen gerade die Auffahrt herauf.

»Optimales Segelwetter«, rief Paps uns entgegen. Er deutete auf die sich verdichtenden Wolken. »Aber es wird heute noch ein Gewitter geben.«

»Wird auch Zeit«, sagte Mami. Sie strahlte in bester Laune und sah aus, als wäre sie von der Titelseite einer Modezeitschrift gesprungen. Ihre Sommersprossen hatten sich in den letzten Tagen explosionsartig vermehrt. »So ein bisschen Regen kann nicht schaden.«

Die Zwillinge trotteten hinter ihr her. Sie waren auffallend ruhig, obwohl ich erwartet hatte beide völlig beseelt von ihrem Abenteuer auf hoher See zu sehen. Aber Margarethe war blass um die Nase und Husch, der auf ihre Empfindungen so empfindlich reagierte wie ein Seismograph auf ein Erdbeben, litt mit ihr.

»Sie ist seekrank«, sagte Mami, als sie meinen besorgten Blick bemerkte. »Ihr war schon schlecht, bevor wir losgesegelt sind, aber jetzt ist es noch schlimmer.«

»Kolumbus war auch ständig seekrank, aber er hat Amerika entdeckt.« Paps warf die Rettungswesten auf die Veranda und nickte Pola zu, die bis jetzt schweigend auf dem Liegestuhl gesessen und ihn geflissentlich ignoriert hatte. »Na, Fräulein, immer noch schlechte Laune?«

Pola blitzte ihn an. »Ich habe keine schlechte Laune, ich bin unglücklich.« Sie klappte das Buch zu, schwang sich von der Liege und verschwand im Haus. Paps hatte ungewollt in ein Hornissennest gestochen.

Nein, nicht ungewollt, dachte ich. *Unüberlegt.*

Er starrte Pola verständnislos nach und im selben Moment hörte ich Mami zu Margarethe sagen, sie solle sich ein bisschen zusammenreißen, seekrank zu sein bedeutet schließlich nicht sterben zu müssen, Schätzchen.

Am liebsten hätte ich sie beide bei den Schultern gepackt und kräftig geschüttelt.

8

Das undurchdringlich gelbe Licht, das Gewittern vorausgeht, war von der Dunkelheit verschluckt worden. Der Wind hatte nachgelassen und die zurückgebliebene stickige und schwüle Luft drängte nach Entladung. Kein Laut unterbrach die über allem liegende Stille, selbst die Grillen und Zikaden waren verstummt. Es war die Ruhe vor dem Sturm.

Ich lag im Schein der Nachttischlampe auf dem Bett, den immer noch ungelesenen Krimi neben mir, und dachte darüber nach, wie genau Paps und Mami von Oma analysiert worden waren. Die Frage war, ob sich mit diesem neuen Wissen etwas für mich änderte. Es stimmte, dass ich oft wütend auf Paps war, und es stimmte, dass Mamis Verhalten mich genauso oft ärgerte. Aber das war nichts, worüber ich mir bisher länger den Kopf zerbrochen hatte.

Du und Pola, ihr werdet erwachsen.

Ja, und für Pola sah die Sache schon ganz anders aus. Der Streit mit Paps würde nicht ihr letzter gewesen sein und Mami mit ihrer Wechselhaftigkeit würde sich auch nicht immer auf ihre Seite stellen. Aber wenn es schon Konfrontationen gab, warum sahen dann beide Seiten das nicht als Chance, für den anderen Verständnis aufzubringen? Denn genau das Gegenteil war der Fall. Pola biss die Zähne zusammen und wehrte sich mit Sarkasmus, wenn ihr etwas zu nahe ging, und sie war schon jetzt fast ein Spiegelbild von Mami, so wie Mami ein Spiegelbild von Oma war.

Scheiße, vielleicht ist es ein Naturgesetz.

Vielleicht. Aber wenn es so war, warum war ich dann nicht so geworden wie Paps oder Mami?

Vielleicht bist du schon so geworden. Warum sprichst du nicht mit Pola über deine Gefühle?

Genauso gut konnte ich mich fragen, warum ich die Zwillinge bedingungslos liebte und immer für sie da war, wenn sie mich brauchten. Je länger ich über diese Sache nachdachte, desto verwirrender wurde sie. Ich konnte nur abwarten. Wer wusste schon, wie die Dinge sich entwickeln würden, wenn Oma erst mit Mami geredet hatte. Für den Moment beschloss ich das Nachdenken auf später zu verschieben und griff nach dem Krimi. Ich hatte höchstens zehn Seiten darin gelesen, als jemand leise an meine Tür klopfte und ebenso leise eintrat.

Im ersten Moment hielt ich sie für einen Geist. Aber Geister klopfen nicht an und sie tragen auch keine Jeans und übergroße blaue Männerhemden, in denen sich die Farbe ihrer Augen wiederholt.

»Überrascht?« Das Mädchen schloss die Tür und grinste, als hätte sie einen besonders guten Witz gemacht.

»Ziemlich.« Ich setzte mich auf und versuchte meine sich überschlagenden Gedanken zu ordnen. »Wie ... wie bist du ins Haus gekommen?«

»Durch den Schornstein. Er war nicht abgeschlossen.« Sie ging zum Fenster und ließ beim Vorbeigehen ihre Fingerspitzen über das Fußende des Bettes streifen. Dann blieb sie stehen und musterte mich amüsiert. »Durch die Haustür natürlich.«

»Und woher wusstest du, wo mein Zimmer ist?«

»Instinkte.« Sie stützte sich auf dem Fensterbrett ab und schaute kurz hinaus in die Dunkelheit. Dann drehte sie sich wieder um und lachte. »Hey, was sollen diese Fragen? Freust du dich nicht, dass ich hier bin?«

»Doch, klar, aber ... Wo warst du heute Nachmittag? Wir haben auf dich gewartet, Arnie und ich, und als du nicht kamst, bin ich –«

»Es tut mir Leid. Aber meine Eltern hatten es sich anders überlegt und wollten doch noch Waldenburg besichtigen. Wir sind nach dem Mittagessen losgefahren und als wir zurückkamen, war es schon zu spät.«

»Oh. Verstehe.«

Ich verstand nicht. Ich hatte sie gesehen, wie sie schlafend auf ihrem Bett gelegen hatte. Allerdings hatten Arnie und ich vorher schon über eine Stunde auf sie gewartet und eine weitere halbe Stunde hatte ich damit verbracht, nach dem Haus zu suchen. Bis dahin konnte sie längst wieder aus Waldenburg zurück gewesen sein.

»Tut mir wirklich Leid! Aber dafür bin ich ja jetzt hier. Meine Eltern haben einen festen Schlaf, aber falls sie merken, dass ich abgehauen bin, ist die Hölle los. Wir sollten also keine Zeit verschwenden.«

»Zeit verschwenden?« Ich war immer noch vollkommen durcheinander. Sie war so aufgeräumt, so anders, als ich sie bisher kennen gelernt hatte. Von Schweigsamkeit keine Spur. Ich fragte mich, was sie in so gute Laune versetzt hatte. »Was hast du vor?«

Sie zeigte auf das Fernrohr. »Sterne ansehen. Du hattest es mir angeboten. Schon vergessen?«

Ich hatte nichts vergessen, weder mein Versprechen, noch wie gut mir ihre Stimme gefiel und wie schön sie war. Alles Misstrauen löste sich in Nichts auf. Sie war gekommen, nahm dafür Krach mit ihren Eltern in Kauf und ich verhielt mich wie ein Trottel.

»Nein. Aber es ist ziemlich bewölkt, da ist es schwer, etwas zu erkennen. Außerdem war gestern Vollmond. Je heller der Himmel ist, desto weniger Sterne sind sichtbar. Mit dem Fernrohr ist da nicht viel zu machen.«

Sie beugte sich über das Fernrohr, strich ihre Haare zurück und blickte durch das Objektiv. »Aber irgendein Stern wird doch zu sehen sein, oder?«

»Ja. Hier und da schon ...«

Sie richtete sich wieder auf und sah mich an. »Dann lass uns gehen.«

»Gehen? Wohin?«

»An den See.«

Sie steckte wirklich voller Überraschungen.

»Okay, ich komme mit.« Ich schwang mich aus dem Bett und griff nach meinen Klamotten. »Unter einer Bedingung.«

Sie war schon zur Tür gegangen und wartete dort auf mich. »Welche?«

»Dass du mir sagst, wie du heißt.«

»Oh.« Sie legte den Kopf schräg und lächelte. »Carla. Ich heiße Carla. Und du?«

Die bauchigen Ränder der Gewitterwolken, die sich im Westen wie ein endloses Band über den Nachthimmel zogen, schimmerten rostfarben, wo das Mondlicht sie berührte. Nur hier und dort waren einzelne Sterne zu sehen, zu wenige um sich zu ganzen Bildern zusammensetzen zu lassen. Doch von Norden nach Süden war der Himmel beinahe wolkenlos. Wir waren der Straße bis zur Spitze der Landzunge gefolgt und standen am Ufer des Sees und Carla bestaunte das tausendfache Funkeln über sich wie ein kleines Kind.

»Also«, sagte sie. »Zeig mir ein Sternbild.«

»Okay, warte.« Nachdem ich mich einmal orientiert hatte, fiel mir die Zuordnung der Sterne zu den jeweiligen Bildern nicht schwer. Ich suchte im Nordosten nach Cassiopeia, die ein großes »W« bildet und leicht erkennbar ist. Aber Carla tippte mir von hinten auf die Schulter, und als ich mich zu ihr umdrehte, zeigte sie in südwestliche Richtung.

»Was ist das da für einer? Der dort genau über dem Abhang steht?«

»Da hast du dir was Kompliziertes ausgesucht.« Ich fragte mich, ob es Zufall war, dass sie einen Stern über dem Abhang gewählt hatte, auf dem ich sie erst vor wenigen Tagen beobachtet hatte. »Er gehört zum Schlangenträger. Auf Griechisch heißt das Sternbild, glaube ich, Ophiuchus.«

»Warum Schlangenträger?«

»Weil links und rechts von ihm das Sternbild der Schlange steht. Das ist zweigeteilt und verläuft praktisch durch den Ophiuchus hindurch. So etwas gibt es sonst nicht unter den Sternbildern. Siehst du?«

Sie betrachtete die strahlenden Lichtpunkte, die ich ihr nacheinander zeigte, den Kopf und den Schwanz der Schlange, das unregelmäßige Sechseck des Schlangenträgers, und nickte. »Du hast geagt, bei den alten Griechen gäbe es zu jedem Sternbild eine Geschichte.«

»Zu fast jedem.«

»Gibt es eine Geschichte über den Schlangenträger?«

»O ja. Er stellt Äskulap dar, den griechischen Gott der Heilkunst. Er konnte jede Krankheit heilen und befreite die Menschen von Schmerzen und vom Tod. Eines Tages beschränkte er sich dann nicht mehr darauf, nur den Lebenden zu helfen, sondern ließ auch die Toten wieder auferstehen. Deren Seelen existierten als Schatten in der Unterwelt. Hades, der Herrscher der

Unterwelt, wandte sich daraufhin an den Göttervater Zeus und Zeus erschlug Äskulap für seinen Frevel mit einem Blitz. Aber als Lohn für seine Verdienste um die Menschen versetzte er ihn als Sternbild an den Himmel.«

Carla hatte meiner Erzählung aufmerksam gelauscht. »Nicht schlecht«, sagte sie. »Und ganz schön unheimlich.«

»Dass er ans Firmament verbannt wurde?«

»Nein. Dass er Tote zum Leben erwecken konnte.«

»Möchtest du noch eine andere –«

»Nein.« Sie grinste mich an. »Ich möchte schwimmen.«

Das blaue Hemd und die Jeans fielen zu Boden. Innerhalb von Sekunden war sie nackt und mir stockte der Atem. Ihr Körper war ein schlanker weißer Strich gegen den hinter ihr liegenden dunklen See. Sie schien von innen heraus zu glühen. Die langen Haare fielen ihr sanft über die Schultern, heller als der Mond.

»Was ist? Kommst du?«

»Ich . . . ja.«

Sie beobachtete jede meiner Bewegungen, während ich Turnschuhe, Unterhemd und Shorts auszog. Ich hatte mich nie zuvor vor einem Mädchen ausgezogen. Ich hätte nie geglaubt, dass es so einfach sein könnte. Schließlich stand ich vor ihr, nackt wie sie.

»Warte.«

Sie ging zu ihrer Hose und zog ein kleines Band aus einer Hosentasche. Dann warf sie den

Kopf in den Nacken und fasste mit einem geschickten Griff ihre Haare zusammen, verschlang sie mit dem Band.

»Jetzt.«

Sie lächelte mir auffordernd zu. Sie drehte sich um und ging an das Ufer, und als ich die Flecken auf ihrem Rücken bemerkte, dachte ich zuerst, es wären Schatten. Dann hatte ich ein Gefühl, als würde mein Körper mit Eiswasser beträufelt, und ich vergaß unsere Nacktheit.

Was sich dunkel auf ihrem Rücken abzeichnete, waren keine Schatten. Es waren Striemen, die wie Schlangen oberhalb der Schulterblätter und längs der Rippenbögen fast parallel zueinander verliefen.

»Carla«, flüsterte ich rau.

Sie zuckte zusammen. Sie blieb stehen und ihre Schultern sackten herab. Ich ging auf sie zu. Sie wehrte sich nicht, als ich meine Finger vorsichtig über die Haut ihres Rückens gleiten ließ, aber sie erschauerte, als ich die Stellen berührte, wo die Striemen geschwollen waren und sich purpurn verfärbt hatten.

»Das ist ...«

»Ich weiß, was das ist.« Ihre Stimme klang hart, aber als sie sich umdrehte, sah ich etwas anderes, den Blick eines zu Tode verletzten Tieres. Mein Herz krampfte sich schmerzhaft zusammen. Sie bückte sich nach ihrem T-Shirt und ihrer Hose und zog sich wieder an.

»War es dein Vater?«, fragte ich flüsternd.

Sie antwortete nicht. Sie knöpfte ihre Jeans

zu, riss sich das Band aus den Haaren, schüttelte den Kopf und eine Kaskade blonder Locken ergoss sich über ihre Schultern.

»Carla! War das dein Vater?«

»Er hat einen Ledergürtel mit versilberter Spitze.« Das Band verschwand in der Hosentasche. Sie fuhr sich mit einer Hand über die Augen, senkte den Blick und holte tief Luft. »Logo, ich möchte nicht darüber reden.«

Ich wartete, aber sie sah weiter nach unten. Schließlich legte ich eine Hand unter ihr Kinn und hob es an. »Bitte.«

»Ich will nicht darüber reden!«

»Was soll das heißen?«, stieß ich aus. »Carla, dein Vater misshandelt dich und deine Mutter lässt es zu! Wie kannst du da sagen –«

»Es war das letzte Mal, dass er mich geschlagen hat. Er hat es mir versprochen.«

»Und das nächste Mal wird er sein Versprechen vergessen!«

Aus weiter Ferne, so schwach, dass ich es kaum hören konnte, ertönte das erste Donnergrollen.

»Nein, das wird er nicht«, sagte sie ruhig. Sie schüttelte meine Hand ab. »Das wird er nicht.« Sie wandte sich von mir ab und starrte hinaus auf den See. Der Horizont erglühte flackernd unter einem kurzen Wetterleuchten. »Ich möchte jetzt gehen«, sagte sie.

Ich wusste nicht, was ich noch sagen sollte. Ich ließ sie gehen. Und diesmal war ich es, der sich nicht umdrehte.

Als ich nach Hause kam, war ich so aufgebracht, dass ich kaum einen klaren Gedanken fassen konnte. Am liebsten hätte ich Carlas Vater umgebracht. Er war ein Schwein und hatte es nicht anders verdient, und was seine Frau anging, war sie nicht viel besser, wenn sie es zuließ, dass er ihre Tochter misshandelte.

Wir haben alle unsere Geschichte.

Ja. Aber jeder Einzelne trug auch die Verantwortung anderen gegenüber. Und keine Geschichte rechtfertigte die Misshandlung des eigenen oder irgendeines Kindes oder Menschen. All die Gedanken, die ich mir noch vor einer Stunde gemacht hatte, kamen mir plötzlich lächerlich vor: Verständnis füreinander aufbringen, seine Gefühle nicht verbergen, miteinander reden. Was würde Carla darüber denken, wenn das nächste Mal der Gürtel mit der silbernen Spitze auf sie herabsauste und ihre Haut zerriss? Ich fröstelte und die Ursache dafür war nicht der kälter gewordene Wind.

Ich stahl mich die Verandatreppe hinauf und öffnete leise die Tür. Der vordere Teil des Wohnraums war in trübes, von außen einfallendes Licht getaucht. Der hintere lag dafür in völliger Dunkelheit, und als ich den Fuß der Treppe erreicht hatte, stolperte ich fast über das kleine schwarze Bündel, das vor mir auf dem Boden lag. Ich stockte.

Das Bündel war Husch. Er lag zusammengerollt wie ein junger Hund vor der Tür des Schlafzimmers und ich hätte ihn nicht gesehen, wenn er nicht eine weiße Unterhose getragen hätte, die sich gespenstisch leuchtend auf seinem braunen Körper abzeichnete. Er hatte die Gummistiefel an.

Er musste das herannahende Gewitter gespürt haben. Husch hatte entsetzliche Angst vor Blitzen. Ich stellte mir vor, wie er vergeblich versucht hatte Margarethe zu wecken, wie er nach unten gelaufen war um Schutz zu suchen und im letzten Moment doch gezögert hatte das Schlafzimmer zu betreten; wie er hin und her geschwankt war zwischen der Angst vor dem Gewitter und der Furcht, von Mami oder Paps abgewiesen und zurück in sein Zimmer geschickt zu werden. Wie er sich schließlich in seinem Elend auf die kalten Fliesen gelegt hatte und eingeschlafen war.

Ich hob ihn vom Boden und nahm ihn mit nach oben in mein Zimmer. Er wachte nicht auf, er rührte sich nicht einmal. Ohne das Licht einzuschalten trug ich ihn zu meinem Bett. Ich zog ihm die Gummistiefel aus, schälte mich aus meiner eigenen Kleidung und legte mich neben ihn.

Ich strich ihm durch die kurzen blonden Haare. Seine Haut war unglaublich weich und warm und roch nach Milch. Als der erste Blitz den Himmel zerriss, begann er leise zu wimmern. Dann rollte Donner über den See, gefolgt von dem Geräusch sanft fallenden Regens. Ich zog Husch so dicht ich konnte an mich heran und ließ meinen Tränen freien Lauf.

9

Noch bevor ich am nächsten Morgen die Augen geöffnet hatte, sah ich die Bilder des letzten Abends vor mir und mit den Bildern kam die Wut zurück. Ich musste etwas tun, sonst würde ich verrückt werden. Husch hatte trotz des Gewitters die ganze Nacht tief und fest an mich gekuschelt geschlafen. Er schlief auch jetzt noch, als ich meine Badesachen schnappte und aus dem schweigenden Haus lief.

Es fiel kein Regen mehr, aber schwarze Wolken hingen tief über dem See, als ich mich in das aufgewirbelte, schlammige, braune Wasser warf. Ich kraulte zum anderen Ufer und wieder zurück, mein Herz jagte, als ich mich völlig erschöpft auf den Steg zog, aber auch die Anstrengung hatte die Wut nicht vertreiben können. Etwas musste geschehen, und während ich mich trocken rubbelte und in Jeans und Pulli schlüpfte, traf ich eine Entscheidung. Ganz gleich, wie die Konsequenzen aussehen mochten, ich würde diesem Ungeheuer von Vater die Meinung sagen, ob es Carla nun passte oder nicht. Sollte er handgreiflich werden, würde ich mit der Polizei drohen. Und ich würde nicht so dumm sein allein bei ihm aufzutauchen.

Es dauerte keine Viertelstunde, bis Arnie und ich den Wald durchquert und die andere Seite der Landzunge erreicht hatten. Arnies Eltern waren etwas perplex gewesen, als ich ihren Sohn vom Frühstück wegholte, aber sie hatten ihn gehen lassen. Während um uns herum Regentropfen von den Ästen der Bäume auf die dampfend nasse Erde gefallen waren, hatte ich Arnie all das von der letzten Nacht erzählt, was ich vorher unter den neugierigen Augen seiner Mutter nicht hatte erzählen wollen. Jetzt waren wir am Waldrand angekommen und traten auf die Uferstraße. Fünf Minuten später fanden wir die Auffahrt, die wir gesucht hatten.

»Also dann«, sagte Arnie. Er zog den Reißverschluss an der Jacke seines bunten Trainingsanzuges etwas höher.

»Also dann«, wiederholte ich.

Bis wir endlich vor dem Haus standen, war mein Pulsschlag bei zweihundert Schlägen pro Minute angekommen. Er setzte aus, als ich bemerkte, dass der weiße Sportwagen nirgends zu sehen war. Der kleine, von niedergedrückten Blumen umgebene Wendeplatz war leer.

»Das muss nichts heißen«, sagte Arnie. »Vielleicht ist die Alte damit unterwegs um Brötchen zu holen oder so.«

»Und wenn sie abgereist sind?« Ich stieg die Verandatreppe hinauf und schaute in eines der Fenster, das unter meinem warmen Atem sofort beschlug. Der dahinter liegende Raum war dunkel. »Ich glaube, da ist wirklich keiner zu Hause.«

»Und warum ist dann nicht abgeschlossen?«

Ich drehte mich um und mir fiel fast das Herz

in die Hose. Arnie hatte nicht lange gezögert. Er hatte den Türgriff gedrückt und die Haustür war aufgegangen. »Lass uns reingehen«, sagte er.

Ich schnappte nach Luft. »Bist du verrückt geworden? Das ist Einbruch! Wenn uns jemand dabei erwischt –«

»Blödsinn. Wer soll uns erwischen?«

»Carlas Eltern. Was machen wir, wenn sie zurückkommen und wir sind gerade im Haus?«

»Wenn, wenn!« Arnie schnaubte. »Wer hat denn jetzt keinen Sinn für das große Abenteuer? Kann doch sein, dass sie wirklich abgereist sind und nur vergessen haben abzuschließen.«

Ohne auf meine Antwort zu warten, schlüpfte er durch den Türspalt. Ich sah mich kurz um, schickte ein Stoßgebet zum Himmel und folgte ihm.

Das Haus war eine verkleinerte Kopie unseres eigenen. Das Erdgeschoss bestand neben Küche, Bad und Wohnraum nur noch aus einem Schlafzimmer. Der Wohnraum war blitzsauber. Vier Stühle standen ordentlich um den leeren runden Tisch herum gruppiert und nichts wies darauf hin, dass hier an diesem Morgen ein Frühstück stattgefunden hatte. Ich wollte in die Küche gehen und nachsehen, ob schmutziges Geschirr vorhanden war, als Arnie mich in das Schlafzimmer rief.

Wo auch immer Carla und ihre Eltern sich aufhalten mochten, sie waren jedenfalls nicht abgereist. Das Bett war ungemacht, in einer Ecke des Raums standen ein Stuhl und ein aufgeklappter, leerer Reisekoffer. Ich warf einen Blick in den offen stehenden Kleiderschrank.

»Männerklamotten.«

»Ja. Sieht so aus, als würde hier unten nur der Kerl pennen.« Arnie ging zu dem Stuhl, über dem eine säuberlich gefaltete Hose hing. Er zeigte auf den dünnen Gürtel aus hartem dunklem Leder. Er hatte eine versilberte Spitze. »Sollen wir ihn klauen?«

»Nein. Fass bloß nichts an.«

»Ich wette, genau das sagt die Dame des Hauses auch jeden Abend. Oder warum schläft der Typ hier alleine?«

Ich zuckte die Achseln. Ob Carlas Eltern miteinander auskamen oder nicht, war mir gleichgültig. Arnie hatte das Zimmer schon wieder verlassen und wartete am Fuß der Treppe auf mich. Ich zögerte. Wenn wir oben waren, würden wir das Haus niemals rechtzeitig verlassen können, falls Carla und ihre Eltern zurückkamen.

»Komm schon«, drängelte Arnie.

Ich ließ alle Bedenken sausen und stieg mit ihm die Treppe hinauf. Meine Angst wurde nur von dem Schwindel erregenden Gefühl übertroffen, das sich immer einstellt, wenn man etwas Verbotenes tut.

Die oberen Zimmer lagen einander gegenüber und nicht, wie ich es aus unserem Ferienhaus kannte, nebeneinander. Da ich wusste, dass Carlas Zimmer nach hinten lag, ging ich mit Arnie zuerst in das, das ihrer Mutter gehören musste.

Das Bett war ebenfalls nicht gemacht. Auf dem hohen Kleiderschrank lagen zwei Koffer und ein beigefarbener dünner Wollpulli hing auf einem Bügel vor dem Fenster. Arnie zeigte auf einen kleinen Tisch, der gegenüber des Bettes an der Wand stand und über den eine Unmenge kosmetischer Artikel verstreut lag. Eine Flasche mit Nagellack war zu Boden gefallen. Die rote Farbe war ausgelaufen und klebte vertrocknet auf den Holzdielen. Arnie nahm einen der vier oder fünf Parfümflakons vom Tisch, schraubte ihn auf und schnupperte daran. *»Eau de monstre«*, grinste er.

Im Gegensatz zu den Zimmern ihrer Eltern war das von Carla aufgeräumt. Dass sie es überhaupt benutzte, verrieten nur einige Mädchenzeitschriften, die sich auf einem in der Ecke unter dem Fenster stehenden Stuhl stapelten. Arnie stöberte darin herum, während ich hinausschaute und die Böschung betrachtete, auf der ich gestern gestanden und Carla beobachtet hatte. Über das Fensterbrett ragte eine Heckenrose, auf der ein einzelner Regentropfen glänzte.

Hinter mir pfiff Arnie leise durch die Zähne. »Logo, sieh dir das an!«

Er hatte eine Zeichenmappe unter den Magazinen hervorgekramt, sie geöffnet und erst eines, dann immer mehr Bilder daraus hervorgezogen. Ich drehte mich um und sah ihm über die Schulter. Und fühlte, wie die Haare in meinem Nacken sich aufrichteten.

Jede einzelne der scheinbar achtlos auf das Papier geworfenen Bleistiftzeichnungen zeigte mich oder meine Familie. Es waren nur Skizzen, jedes Bild für sich verblüffend genau und detailliert. Paps, Mami und die Zwillinge auf der *Lavinia.* Oma und Margarethe beim Spaziergang im Wald. Pola auf der Veranda. Husch und ich auf dem Bootssteg mit ins Wasser baumelnden Füßen. Ich, allein am Ufer des Sees. Die Szene auf der Lichtung, Oma mit dem Gebiss in einer Hand.

Arnie zog ständig weitere Bilder aus der Mappe. »Na, wenn die nicht himmelhoch in dich verknallt ist . . .«, murmelte er fasziniert.

»Nicht in mich«, sagte ich leise. »In meine Familie.«

»Was?«

»Siehst du das nicht?« Ich zog ein paar beliebige Blätter aus dem Stapel. »Alles heile Welt, glückliche Familie. Was würdest du dir wünschen, wenn du so ein Arschloch zum Vater hättest wie sie?«

»Scheiße«, flüsterte Arnie. Er betrachtete die Bilder und fuhr sich hilflos durch die blonden Haare. »O Mann, Scheiße . . .! Sie tut mir echt Leid.«

»Ja. Mir auch.«

Das Zuschlagen der Haustür und das Klappern von Schritten im Wohnraum erklangen so laut und so plötzlich, dass ich vor Schreck wie angenagelt stehen blieb. Arnie reagierte sofort. Innerhalb von Sekunden hatte er die Zeichnungen in die Mappe und die Mappe zurück zwischen die Magazine gesteckt. Wir schafften es gerade noch, hinaus in den Flur zu laufen, als auch schon jemand die Treppe heraufgelaufen kam.

Dann stand Carla vor uns, ein düsterer Engel in schwarzem Pullover und schwarzen Jeans. Falls unser Anblick sie erschreckte, ließ sie es sich nicht anmerken. Entweder hatte sie sich unglaublich in der Gewalt oder sie hatte gewusst, dass sie uns hier antreffen würde. Sie starrte mich an ohne Arnie überhaupt zu beachten und ihre Stimme war rauer als normal, als sie endlich sprach.

»Ich hatte dich gebeten nicht hierher zu kommen.«

»Ich wollte auch nicht zu dir, sondern zu deinem Vater.«

»Warum?«

»Um mit ihm zu reden.«

Sie schüttelte unwillig den Kopf. »Es gibt nichts mit ihm zu bereden. Das habe ich dir gestern schon gesagt.«

»Wo ist er?«

»Er und meine Mutter sind unterwegs.«

»Dann warten wir.«

»Nein, das wirst du nicht tun.« Sie kam einen Schritt auf mich zu und funkelte mich wütend an. »Was zum Teufel bildest du dir eigentlich ein? Hier rumzuschnüffeln, in unser Haus einzubrechen –«

»Das hast du gestern bei uns auch getan«, feuerte ich zurück. »Oder war das etwas anderes?«

»Allerdings.«

»So? Dann erklär's mir.«

Sie tat es nicht. Sie drehte sich um und lief die Treppe hinab. Ich fluchte laut und stürzte hinter ihr her, gefolgt von Arnie. Carla war durch den Wohnraum gelaufen und hatte die Haustür geöffnet.

»Raus«, sagte sie ruhig.

»Hör doch bitte mal zu ...«

»Ich komme allein klar, vielen Dank.«

»Carla, jemand muss deinen Vater dazu bringen, dich in Ruhe zu lassen! Verdammt, willst du warten, bis er dich totgeschlagen hat? Willst du das?«

»Ich komm allein klar!«, schrie sie und plötzlich standen Tränen in ihren Augen. »Hörst du, du arroganter Scheißkerl? Ich brauche keinen, der auf mich aufpasst! Ich brauche überhaupt niemanden, also hau endlich ab!«

So behrrscht, wie sie noch vor einer Minute gewesen war, so aufgelöst war sie jetzt. Ihre Augen flackerten wie blaues Feuer. Ich wollte einen Arm um ihre Schulter legen, aber sie stieß mich zurück und fauchte dabei wie eine Katze.

»Fass mich nicht an!«

Sie holte aus. Sie schlug mir so heftig ins Gesicht, dass ich durch die offene Tür hinaus auf die Veranda und gegen das Geländer taumelte. Arnie stieß ein überraschtes Keuchen aus, sprang hinter mir her und fing mich auf, bevor ich auf die Knie fallen konnte. Meine linke Wange brannte höllisch, aber ich ließ nicht locker.

»Carla, hör zu«, sagte ich so ruhig wie möglich. »Du hast Angst! Wenn du willst, dann kannst du mit meiner Großmutter über alles reden. Sie ist in Ordnung. Sie weiß sicher, was man tun kann.«

Mit der einen Attacke schien alle Energie Carla verlassen zu haben. Sie stand im Türrahmen und weinte still und dann sah ich den Ausdruck in ihrem Gesicht, den ich schon am See bemerkt hatte, die oberflächliche Härte und darunter das gehetzte Tier, eine verzweifelte Mischung aus Trotz und Hoffnung, die etwas unsagbar Trauriges hatte.

»Jetzt geh endlich«, schluchzte sie.

»Wirst du kommen?«

»Ich weiß es nicht. Vielleicht.«

»Wirst du kommen?«

Sie wischte sich mit einem Ärmel des Pullovers über die Nase und die Augen. Sie überlegte und die widersprüchlichsten Emotionen huschten über ihr Gesicht. Dann nickte sie und schloss die Tür.

Ich versprach Arnie ihn noch am selben Nachmittag davon zu unterrichten, wie das Gespräch zwischen Oma und Carla verlaufen war. Auf dem Rückweg durch den dunstverhangenen Wald hatten wir beide kaum geredet, aber einmal war er stehen geblieben, hatte durch die Wipfel der Bäume in den trostlosen Himmel geblickt, aus dem leichter Nieselregen fiel, und den Kopf geschüttelt.

»Mann«, sagte er nur. »Was sind das für Menschen, die so etwas tun? Was sind das bloß für Menschen?«

Die Frage geisterte immer noch durch meinen Kopf, als ich langsam die Auffahrt zu unserem Haus hinaufging und den Bus erblickte, der mit geöffneter Heckklappe direkt vor der Veranda stand. Pola war gerade dabei, ihre Reisetasche einzuladen. Sie winkte mir aufgeregt zu, als sie mich sah. Ihre roten Haare leuchteten und selbst über die Entfernung hinweg sah ich das Strahlen in ihren Augen.

»Wird auch langsam Zeit, dass du aufkreuzt«, rief sie mir entgegen. »Pack deine Sachen. Wir fahren nach Hause.«

10

Aus Margarethes vermeintlicher Seekrankheit war über Nacht hohes Fieber geworden und Paps war wild entschlossen seine jüngste Tochter nicht in die Hände irgendeines Scharlatans fallen zu lassen.

»Nicht, solange wir einen Hausarzt haben«, wiederholte er mehrfach, während er versuchte das in Form von Koffern und Taschen über ihn hereingebrochene Chaos durch planerische Ordnung zu ersetzen. »Ich wette, in diesem Kuhdorf von Waldenburg gibt es höchstens einen Tierarzt.«

Mir war zum Heulen zumute, denn es stand außer Frage, dass der Rest der Familie Margarethes Krankentransport begleiten würde. Niemals einsam, immer gemeinsam. Ich wäre bereit gewesen für Carla einen Streit mit Paps vom Zaun zu brechen um am Waldensee bleiben zu können. Aber selbst wenn ich dabei nicht den Kürzeren gezogen hätte, hätte das bedeutet, Margarethe im Stich lassen zu müssen. Ich war hin und her gerissen, und als ich zu Margarethe ging, wusste ich immer noch nicht, was ich tun sollte.

Sie lag in ihrem Bett, die Decke bis unter das Kinn gezogen, ihr Gesicht ein kleiner blasser Fleck auf dem fröhlich bunten Kissen. Husch saß neben ihr, blätterte Seite um Seite in dem Buch über das Weltall um und bemühte sich vergeblich sie für die bunten Bilder zu begeistern. Mami packte die Koffer der Zwillinge. Sie sah nur kurz auf, als ich das Zimmer betrat.

»Hallo, Schatz.« Ich setzte mich neben Margarethe auf die Bettkante und strich ihr durch die verschwitzten schwarzen Haare. Ihre Stirn war heiß. »Was machst du für Sachen?«

Sie legte ihre Hand in meine. »Mir ist schlecht«, piepste sie. »Und ich bin richtig krank. Mit Tenkaratur.«

»So schlimm ist das auch nicht«, sagte Mami. Sie zog die letzten Kleidungsstücke aus dem Schrank. »Du wirst schon sehen, das Fieber geht schneller vorbei, als du denkst.«

Margarethe warf ihr nur einen kurzen Blick zu und umklammerte meine Hand etwas fester. »Gehst du mit mir zum Doktor, Logo?«

»Der Arzt kommt doch zu uns nach Hause.« Mami klappte den Koffer zu und ließ die Schlösser einrasten. »Und du willst doch nicht, dass er dich für ein Baby hält, oder?«

»Ich will, dass Logo dabei ist.«

»An einem bisschen Fieber ist noch niemand gestorben.« Mami ging mit dem Koffer zur Tür und lächelte Margarethe zu. »Und du wirst lernen müssen, wie man im Leben ohne einen großen Bruder auskommt, Schätzchen.«

»Das wird ihr nicht weiter schwer fallen«, sagte ich. »Sie hat ja auch gelernt, wie man ohne Mutter auskommt.«

Die Worte waren mir herausgerutscht, ohne dass ich darüber nachgedacht hatte. Ein Schlag ins Gesicht hätte nicht wirkungsvoller sein können. Mami stellte den Koffer ab und sah mich bestürzt an. In meinem Magen lagen plötzlich pfundweise schwere Steine.

»Was willst du damit sagen?«, flüsterte sie.

»Weißt du das nicht? Dann denk doch mal darüber nach, warum die Kleinen immer zu mir kommen, wenn es ihnen schlecht geht.«

Mami sah zu Boden und in diesem Moment tat sie mir unendlich Leid. Dann griff sie abrupt nach dem Kopffer und verließ das Zimmer ohne ein weiteres Wort. Ich schaute von der Tür zu Margarethe, die genau wie Husch gebannt meinen unerwarteten Temperamentsausbruch verfolgte.

»Ich bin bei dir, wenn der Doktor kommt«, sagte ich. »Und jetzt gehe ich packen.«

Ich schrieb in aller Hast einen Brief an Carla, in dem ich ihr den Grund für unsere überstürzte Abreise erklärte. Wenn sie dringend Hilfe bräuchte, solle sie sich an Arnie wenden; wenn ich in drei Tagen nicht zurück sei, solle sie mir ihre Adresse schicken.

Paps schloss das Haus ab, als der Rest der Familie schon im Wagen saß. Er merkte gar nicht, dass ich den Umschlag und eine kurze Notiz für Arnie an der Haustür befestigte. Sein Kopf war voll von anderen Dingen. Der Bootsanhänger und die *Lavinia* blieben zurück. Falls Margarethe wirklich ernsthaft krank war, wollte er sie später holen, ansonsten würden wir alle an den

Waldensee zurückkehren. Ich betete, dass Letzteres der Fall sein würde.

Bis wir losfuhren und die Landspitze verließen, hatte der Nieselregen, von dem Arnie und ich noch auf dem Heimweg begleitet worden waren, sich in einen Wolkenbruch verwandelt. Minuten später stieß Paps einen kräftigen Fluch aus, als er feststellte, dass die Uferstraße, über die wir auf dem Hinweg gekommen waren, gesperrt war. Ein flatterndes rot-weißes Band, von einer Straßenseite zur anderen gespannt, verhinderte die Durchfahrt. Auf dem daran schaukelnden Schild stand in großen Lettern das Wort *Erdrutsch* – das Gewitter der vergangenen Nacht war nicht ohne Folgen geblieben. Paps setzte den Blinker, bog nach rechts ab und nahm die Umleitung über Waldenburg. Ich warf einen letzten Blick über den See, auf dem Millionen Regentropfen tanzten, auf die Burg und auf die geduckten kleinen Häuser, die mir so gut gefallen hatten und die mir jetzt noch niedergedrückter vorkamen als zuvor.

Auf der Hinfahrt war es Pola gewesen, die schlechte Laune gehabt hatte. Jetzt war sie die Einzige, die mit glänzenden Augen unruhig auf ihrem Sitz saß und es kaum erwarten konnte, zu Hause anzukommen. Ich gönnte ihr das unverhofft schnelle Wiedersehen mit Michael Berg, aber ich fühlte auch einen eifersüchtigen Stich in der Brust. Wenn Carla immer noch wütend auf mich war, hatte sie es sich vielleicht anders überlegt und würde gar nicht erst zu unserem Haus kommen, und selbst wenn sie es tat, konnte sie immer noch meine Bitte ignorieren und mir nicht schreiben.

Oma war unerreichbar für mich. Sie wirkte erschöpft und in sich selbst zurückgezogen und ihre wenigen interessierten, fragenden Blicke galten Mami. Es war mein einziger Trost, dass Mamis Fassade scheinbarer Gleichgültigkeit zerbröckelt und der ernsthaften Sorge um Margarethe gewichen war. Sie hatte mich auf den Beifahrersitz verbannt, saß neben ihr und hielt sie in den Armen. Ob das die einzige Folge unserer Auseinandersetzung blieb, musste sich zeigen. Ich war zu müde um mir darüber Gedanken zu machen. In der vergangenen Nacht hatte ich kaum geschlafen und war immer wieder aus dem Schlaf geschreckt. Jetzt, während der Regen monoton auf das Wagendach trommelte und die Scheibenwischer in dem ihnen eigenen hypnotisierenden Rhythmus hin und her federten, schlief ich ein.

Es war später Nachmittag, als wir die Außenbezirke der Stadt erreichten und Oma vor ihrer Wohnung absetzten. Ich versicherte ihr sie sofort anzurufen, wenn der Arzt festgestellt hatte, was Margarethe fehlte.

Unser Haus empfing uns kalt und ungemütlich. Während Paps mit dem Arzt telefonierte, schleppte ich das Gepäck in den Flur. Dann ging ich in mein Zimmer, stellte mich ans Fenster und betrachtete die graue Straße, die aneinander gepressten Häuser und den tristen Himmel. Es war der deprimierendste Tag, den ich je erlebt hatte.

Mit Ausnahme Polas, die sofort zu Michael abgezischt war, hatte sich die ganze Familie im Kinderzimmer versammelt, als eine halbe Stunde später der Arzt kam. Er war ein bulliger Typ und sah eher aus wie ein Metzger, aber er war ruhig, hatte eine sanfte Stimme und schaffte es sofort, Margarethe für sich einzunehmen. Ich hielt ihr die Hand, während er sie untersuchte.

»Das dürften die Röteln sein«, stellte er fest. »Zur Zeit grassieren die hier in der Gegend. Das bedeutet zwei Wochen Bettruhe.«

Mit diesem Urteil war der Urlaub gelaufen und meine Laune endgültig im Eimer. Ich versuchte bei Oma anzurufen, hörte aber nur das Besetztzeichen. Schließlich schwang ich mich auf mein Fahrrad und fuhr durch den Regen zu ihr. Ich musste mit jemandem reden, und wenn mir jemand helfen konnte, dann war sie es.

Oma bewohnte zwei größere Zimmer im Dachgeschoss eines Altbaus. Ein Strahlen überzog ihr rundes Gesicht, als sie die Tür öffnete und mich sah. Sie wirkte erfrischt, anscheinend tat es ihr gut, wieder zu Hause zu sein.

»Ich hab versucht dich anzurufen«, sagte ich.

»Ach je! Ich hab mich ewig lang mit Luise am Telefon verquatscht und für morgen Vormittag verabredet. Tut mir Leid! Und jetzt bist du extra –«

»Ist nicht schlimm.« Ich nestelte unsicher am Kragen meiner Jeansjacke herum. »Ich ... ich wollte sowieso mit dir reden.«

Sie musterte mich neugierig. »Aber nicht im Treppenhaus, oder? Komm rein, du bist ja ganz nass. Magst du einen Tee?«

Sie wartete meine Antwort nicht ab und verschwand sofort in der kleinen Küche am Ende des Flurs. »Geh schon mal in die Stube. Ich hab die Heizung angestellt.«

Ich hatte Omas Wohnzimmer immer gemocht. Sie scheute sich nicht den unmöglichsten Kitsch neben Kunstdrucke von Klee und Kandinsky an die hell tapezierten Wände zu hängen und außerdem war der Raum nicht so zugestellt mit alten Möbeln, wie das oft bei alten Leuten der Fall ist. Ein gemütliches dunkles Sofa mit grünem Bezug und zwei dazu passende Sessel waren die einzigen Sitzgelegenheiten. Auf einem antiken Sekretär aus Nussbaum stand ein Bild von Opa, die einzige Fotografie im Raum. Den Platz vor dem Fenster nahm eine Armee von Topfpflanzen ein und eine Stehlampe verbreitete warmes Licht.

Oma kam mit einem klappernden Tablett aus der Küche. Sie goss dampfenden Tee in zwei feine Porzellantassen und setzte sich zu mir auf das Sofa. »Ich weiß, du bist nicht deswegen gekommen, aber du hast mit deiner Mutter geredet, oder? Ich habe es auf der Rückfahrt gemerkt.«

»Eher gestritten als geredet. Na ja, eigentlich

war es nur ein Vorwurf.« Ich tat Milch und Zucker in meinen Tee. »Ich schätze, das war nicht besonders hilfreich für dich.«

Oma winkte ab. »Lass das meine Sorge sein. Und erzähle mir von deinen.«

Und ich erzählte. Ich erzählte ihr alles, angefangen von der Begegnung mit Carla morgens am See, über unser Kennenlernen an Flossies Grab, bis hin zu der Nacht, als ich die Spuren der Misshandlung durch ihren Vater entdeckt hatte. Omas Augen verdunkelten sich an dieser Stelle, aber sie unterbrach mich nicht. Ich schloss mit dem Streit, als Carla Arnie und mich beim Durchsuchen des Hauses erwischt hatte.

»Sie wollte mit dir reden. Du hättest es getan, oder?«

»Natürlich hätte ich es getan. Aber aufgeschoben ist doch nicht aufgehoben, oder? Fahren wir nicht zurück an den Waldensee?«

Ich schüttelte den Kopf. »Der Arzt sagt, Margarethe müsste zwei Wochen im Bett bleiben. Wahrscheinlich sind es die Röteln. Und Husch wird sich auf jeden Fall bei ihr anstecken, dann ist er dran. Bis das alles über die Bühne ist, hat Paps keinen Urlaub mehr. Er will in den nächsten Tagen an den Waldensee fahren um die *Lavinia* zu holen.«

»Dann könnte ich mitkommen.« Sie beobachtete mich. »Aber das dauert dir zu lange, nicht wahr?«

Ich nickte und schob unglücklich ein Stück Würfelzucker über die Tischdecke. Oma trank einen Schluck Tee, setzte die Tasse ab und sah mich ernst an.

»Logo, du kannst dem Mädchen nicht helfen. Das ist schwer einzusehen und ich will auch nicht schulmeisterlich klingen. Aber jeder Mensch muss lernen mit seinen Problemen allein fertig zu werden. Und für manche Probleme gibt es keine einfache Lösung.«

»Du meinst, man soll einfach abwarten, bis ihr Vater von selbst damit aufhört, sie zu misshandeln?«

»Nein, selbstverständlich nicht«, sagte sie resolut. »Da muss eingegriffen werden, und zwar so schnell wie möglich. Aber angenommen, dieser Mann wird angezeigt, von wem auch immer. Ändert das etwas daran, dass Carla in Zukunft weiter mit ihm zusammenleben muss?«

Unter diesem Aspekt hatte ich die Sache bisher noch nicht betrachtet. Möglicherweise war das der Grund, warum Carla auf meine Hilfsangebote so ablehnend reagiert hatte. Wer weiß, welche Taktiken sie entwickelt hatte um mit ihrem Vater klarzukommen.

»Und weißt du, wie Carla selbst sich dabei fühlt?«, fuhr Oma fort. »Du hast selbst gesagt, dass sie nicht darüber reden wollte. Ein Mensch kann dich verletzen und er kann dir schreckliche Dinge antun. Aber wenn du ihn liebst, wird es lange dauern, bis du daraus Konsequenzen ziehst und dich von ihm löst. Manchen Menschen gelingt das nie.«

»Es geht nicht nur darum«, antwortete ich zögernd. »Weißt du, manchmal glaube ich fast, dass da noch etwas anderes dahinter steckt. Etwas stimmte nicht an dem Haus, als Arnie und ich darin waren. Und Carla hat etwas gesagt ... Ich komm nur nicht drauf.«

Oma seufzte. »Man sollte sich an das halten, was man ändern kann, Logo. Hier zu sitzen und dir Gedanken zu machen hilft weder dir noch Carla. Du wirst warten müssen, bis dein Vater zurückfährt. Fahr mit, erkläre ihm, was los ist. Er wird sicher mit dir zu Carlas Vater gehen.«

»Ja«, sagte ich leise. »Vielleicht.«

»Ganz bestimmt.« Sie lächelte mich an und streichelte meine Hand. »Es gibt immer Hoffnung, Logo. Vergiss das nicht.«

Es war alles in allem nur ein schwacher Trost.

Oma kam am nächsten Vormittag um Margarethe einen Krankenbesuch abzustatten und sie brachte so viele Bonbons, Schokolade und Gummibärchen mit, dass mir schon beim bloßen Anblick schlecht wurde. »Gesunde Sachen sind nichts, wenn man krank ist«, wischte sie Mamis Proteste mit einer Handbewegung fort.

Margarethe genoss die ungeteilte Aufmerksamkeit ihrer Familie in vollen Zügen. Die ersten roten Pusteln hatten sich auf ihrer Brust gebildet und sie zählte jede einzelne von ihnen, so weit sie konnte, um Husch damit auf ihre Krankheit eifersüchtig zu machen. Während Paps und Mami bei ihr blieben und die Verteilung der Süßigkeiten überwachten, brachte ich

Oma nach unten in den Flur und bestellte ihr ein Taxi, weil sie wie üblich für die Verabredung mit Frau Rössner zu spät dran war.

»Ist Pola wieder bei ihrem Michael?«, fragte sie, als ich ihr in den Regenmantel half.

»Klar. Vollrausch der Liebe.«

»Schön.« Oma knöpfte den Mantel zu. »Wenigstens eine, die zufrieden ist. Und wie geht es dir?«

Ich zuckte die Achseln. »Alles Scheiße. Ich komme mir vor wie ein Verräter, weil ich Carla allein gelassen habe. Ich wünschte, ich könnte zurück ...« Ich versuchte ein verunglücktes Grinsen. »Wir haben alle unsere Sorgen, was? Hast du dir schon überlegt, wann du mit Mami reden willst?«

»In den nächsten Tagen. Alles zu seiner Zeit. Jetzt werde ich mich erst mal mit Luise beratschlagen.«

Sie zerrte ein Paar weiße, spitzenbesetzte Handschuhe aus ihrer Handtasche. Etwas hing daran fest, wurde mit ans Tageslicht befördert und segelte zu Boden. Ich hob es auf. Es war eine Ansichtskarte des Waldensees.

»Woher hast du die?«, fragte ich.

»In Waldenburg gekauft an dem Tag, als wir dort waren.« Sie streifte sich die Handschuhe über. »Ist nicht besonders hübsch, aber eine Erinnerung.«

Ich betrachtete die Karte. Das Motiv kam mir bekannt vor und dann fiel mir ein, dass diese oder eine ähnliche Ansicht des Waldensees im

Wohnraum des Ferienhauses an der Wand gehangen hatte. Das Foto zeigte fast nur dunkelblaues Wasser, über das sich im Hintergrund, wie ein dünner grüner Strich, eine Hügelkette erhob. Der Eindruck, der so entstand, war weniger der eines Sees als der eines unendlich ruhigen und weiten Meeres.

»Tiefe Stille herrscht im Wasser, ohne Regung ruht das Meer ...«, wiederholte ich leise den Anfang des Gedichtes, das Carla am Waldensee rezitiert hatte.

»... und bekümmert sieht der Schiffer glatte Fläche ringsumher«, fiel Oma ein. Sie lächelte, nahm mir die Ansichtskarte aus der Hand und steckte sie zurück in die Handtasche. »Der gute alte Goethe. Kaum zu glauben, dass sie euch heutzutage so etwas noch in der Schule beibringen.«

»Ich kenne es nicht aus der Schule, sondern von Carla. Sie hat nicht gesagt, dass es ein Gedicht von Goethe ist. Aber sie schien es sehr zu mögen.«

»Wirklich?« Oma runzelte die Stirn. »Ein bisschen morbide, die junge Dame. Ich meine, wenn man bedenkt, wie düster das Gedicht weitergeht.«

»Es geht nicht weiter«, sagte ich bestimmt. Ich erinnerte mich Carla danach gefragt zu haben. »Es hat nur diese eine Strophe.«

»Ach? Hat sie dir das gesagt?« Ich nickte. Oma griff nach ihrem Regenschirm und schüttelte den Kopf. »Da hat sie Unrecht. Natürlich geht es weiter. Goethe hat doch keine halben Sachen gemacht.«

Plötzlich spürte ich mein Herz heftig schlagen. Mein Mund war von einer auf die andere Sekunde wie ausgetrocknet und in meinen Händen verbreitete sich ein taubes Gefühl. »Wie ... wie geht es weiter?«

Oma zog die Stirn kraus und überlegte. »Die zweiten Strophen lassen sich immer schwerer behalten als die ersten. Aber Moment ... Ja, so müsste es stimmen:

Keine Luft von keiner Seite!
Todesstille fürchterlich!
In der ungeheuren Weite
Reget keine Welle sich.«

Die Erkenntnis traf mich wie ein Blitzschlag. Mir wurde so schwindelig, dass ich mich an Omas Mantel festhalten musste. Jetzt spürte ich meinen Herzschlag nicht nur, sondern ich *hörte* ihn, ein dumpfes, schnelles, heftiges Dröhnen. Er war lauter als alles, was ich bisher gehört hatte, lauter als Omas besorgte Stimme, die wie durch Watte an meine Ohren drang. »Um Himmels willen, Logo, was ist denn?«

Es wird nie wieder vorkommen.
Meine Eltern haben einen festen Schlaf.
Es war das letzte Mal, dass er mich geschlagen hat.
Das letzte Mal.
Das letzte Mal.

»O großer Gott!«, flüsterte ich. »Oma, ich muss sofort zurück zu Carla. Ich ... ich kann es dir nicht erklären, aber ich glaube, es ist etwas ganz Schreckliches passiert.«

Draußen hupte das Taxi.

»Bitte!«

Oma sah mich lange und intensiv an. Dann griff sie in ihre Handtasche und holte ihr Portemonnaie heraus. »Du nimmst den Zug«, sagte sie. »Es wird keine direkte Verbindung nach Waldenburg geben, aber selbst wenn du umsteigen musst, wird es kaum länger dauern als eine Fahrt mit dem Auto. Mit etwas Glück bist du schon gegen vier oder fünf Uhr dort.« Sie klappte das Portemonnaie auf, nahm zwei Hundertmarkscheine heraus und drückte sie mir in die Hand. »Das müsste auf jeden Fall für die Fahrt und für ein Taxi von Waldenburg bis zum Haus reichen. Mehr hab ich nicht bei mir.«

Das Taxi hupte ein zweites Mal.

Meine Augen brannten und ich spürte einen Kloß im Hals. Ich wollte etwas sagen, aber Oma winkte ab. Sie nahm mich fest in die Arme und gab mir einen Kuss auf den Mund. »Viel Glück, Logo!« Und im nächsten Moment war sie gegangen.

Ich verlor keine Zeit. Ich hastete nach oben in mein Zimmer, zerrte wahllos einen Teil der eben erst eingeräumten Klamotten wieder aus dem Kleiderschrank und begann sie in meine Sporttasche zu werfen. Es war Pech, dass Paps in diesem Moment über den Flur ging und durch die offene Zimmertür schaute.

»Du packst?« Er betrat den Raum. »Wo willst du hin?«

»Zurück an den Waldensee.«

»Aber nicht heute, oder?«, grinste er. »Ich fahre übermorgen, und wenn du willst, kannst du –«

»Ich meine nicht übermorgen.« Ich warf Socken und Unterwäsche in die Tasche, T-Shirts und einen dünnen Pullover. »Ich fahre jetzt.«

»Das kommt überhaupt nicht in Frage.«

»Paps, ich *muss* zurück! Es ist zu kompliziert, um es jetzt zu erklären, aber ... Es ist wichtig!«

»Das ist es immer. Glaubst du, wenn Pola nicht zu Hause bleiben durfte, würde ich jetzt dich zurück an den See fahren lassen?«

»Ich bin nicht Pola und das war etwas anderes.« Ich zog den Reißverschluss der Sporttasche zu.

»Logo, da gibt es keine Diskussionen.«

Ich hätte ihm so gern all das gesagt, was mir während und nach der Unterhaltung mit Oma durch den Kopf gegangen war. Aber selbst wenn ich meine Gedanken hätte ordnen können, hätte ich nicht gewusst, wo ich anfangen sollte. Ich spürte, wie mir das Blut in den Kopf schoss, und holte tief Luft.

»Dann gehe ich eben ohne Diskussion. Wie willst du mich aufhalten?«

Ich hätte nie erwartet Paps mir gegenüber hilflos zu erleben. Er starrte mich mit offenem

Mund an, beinahe so, als hätte er mich noch nie zuvor gesehen und ich wäre ungebeten in sein Haus eingedrungen. Seine Augen flackerten. Dann hob er einen Zeigefinger. »Du rührst dich nicht vom Fleck, bis ich mit deiner Mutter geredet habe.«

Ich wartete, bis er verschwunden war, dann zog ich meine Jeansjacke an, hängte mir die Sporttasche über die Schulter und lief hinaus. Aus dem Zimmer der Zwillinge am Ende des Flurs ertönten die Stimmen von Paps und Mami. Ich verstand nicht, was gesagt wurde, aber es war laut, und es klang nach heftigem Streit.

Husch stand auf dem Treppenabsatz. In den letzten Tagen hatte ich ihn fast nur in Badehose und Gummistiefeln gesehen. Jetzt trug er ein gelbes Sweatshirt und braune Cordhosen und seine Füße steckten in kleinen, offenen Sandalen. Er starrte ängstlich in die Richtung, aus der die Stimmen kamen, und hatte dabei eine Hand über den Mund gelegt. Ich kniete vor ihm nieder und ich spürte sein kaum wahrnehmbares Zittern, als ich ihn an mich zog.

»Husch, hör mir jetzt genau zu! Ich muss weg, aber ich bin bald wieder da. Und wenn ich wiederkomme, dann wirst du mit mir sprechen. Hast du das verstanden, Schatz? *Du wirst mit mir sprechen!* Sonst wirst du immer Angst haben und das musst du nicht. Ich bin immer bei dir.«

Er senkte den Blick und starrte auf seine Sandalen. Als er den Kopf wieder hob, leuchteten seine blauen Augen wie Irrlichter. Dann legte er mir seine Hände auf die Wangen, sah mich ernst an und nickte. Ich gab ihm einen Kuss, sprang auf und hetzte die Treppe hinab.

Im Garten schlug mir betäubender Blütenduft entgegen, der aus den regennassen Rabatten und Blumenbeeten aufstieg. Das Fahrrad stand an einer Seitenwand des Hauses. Ich wuchtete die Tasche auf den Gepäckträger, schob es durch den Garten auf die Straße und wollte gerade aufsitzen, als hinter mir eine Stimmer ertönte.

»Logo!«

Mami kam über den schmalen Gartenweg auf mich zugelaufen. Ich machte mich sofort auf einen weiteren Streit gefasst und umklammerte mit beiden Händen fest den Fahrradlenker.

»Ich fahre zurück«, rief ich ihr entgegen. »Und wenn ihr euch auf den Kopf stellt!«

Sie blieb vor mir stehen, fuhr sich nervös durch die rotblonden Stoppelhaare und irgendetwas an ihrem unsicheren Lächeln erinnerte mich an Margarethe. Ihre Mundwinkel zuckten, aber sie sagte nichts, kein Wort. Stattdessen drückte sie mir etwas in die Hand. Sie ließ mich nicht sofort wieder los, sondern sah mir in die Augen, und ich sah Sorge darin und etwas anderes, das ich nicht benennen konnte. Dann machte sie kehrt und lief ins Haus zurück.

Als ich meine Hand umdrehte, lag darin der Schlüssel zum Ferienhaus.

11

Der nächste Zug in Richtung Waldenburg fuhr in einer halben Stunde. Ich suchte eine Bäckerei, kaufte ein belegtes Brötchen und verfütterte es nach einem Bissen an die Tauben auf dem Bahnhofsvorplatz. Überall eilten Menschen über die nassen Bürgersteige, die Köpfe eingezogen in die Krägen hastig hervorgekramter Regenmäntel. Ein tristes Grau hing über der Stadt und verschluckte jede andere Farbe. Es war, als hätte es den Sommer nie gegeben.

Ich warf die letzten Reste des Brötchens achtlos auf die Straße, ging in die schmuddelige Bahnhofsgaststätte und bestellte eine Cola. Die Luft war rauchverhangen und aus der Musikbox erklang ein fröhlicher Sommerhit, der nicht zu den Gesichtern der wenigen Gäste passte, die am Tresen saßen und niedergeschlagen in ihre Biergläser starrten. Als der Zug endlich in den Bahnhof einlief, stand die Cola immer noch unberührt vor mir. Ich bezahlte und ging.

Der Zug war voll und ich musste auf dem Gang zwischen zwei Waggons stehen. Als ich nach einer Stunde umstieg, hatte ich mehr Glück und fand ein freies Abteil. Die Heizanlage war defekt und sorgte für einen unablässigen Strom heißer Luft, aber ich blieb darin sitzen. Ich starrte durch die beschlagenen Fenster hinaus auf die vorbeiziehende Landschaft, auf abgeerntete Felder, für die der Regen zu spät kam, und auf die ersten Hügel, die sich langsam aus der Ebene emporhoben wie die algenbewachsenen Rücken grauer Wale.

Meine Hände waren taub und mein Kopf war wie leer gefegt. Ich dachte nicht an Paps und Mami und an das, was mich bei meiner Rückkehr erwartete. Ich dachte nicht an die Zwillinge und auch nicht an Pola. Doch je weiter der Zug sich Waldenburg näherte, desto deutlicher sah ich Carla vor mir. Alles, was sich in den letzten Tagen ereignet hatte, jeder ihrer Blicke, jedes Wort, jede einzelne Geste stieg mit schmerzhafter Deutlichkeit aus meiner Erinnerung empor und lief vor meinem inneren Auge ab wie ein Film. Und über den Bildern lag das Rauschen der Zugräder auf den Gleisen und polternden Schwellen, die alle dasselbe Wort wiederholten und in meinen Kopf hämmerten:

Todesstille, Todesstille, Todesstille.

Als ich aus dem Bahnhofsgebäude auf die menschenleere Straße trat, lag Waldenburg hinter einem dichten Regenschleier, der von kräftigen Windstößen getrieben über die Häuser jagte. Ich fand sofort ein Taxi. Der Fahrer redete ohne Unterlass von dem aufziehenden Sturm und von der Saison, die sich bald dem Ende zuneigen würde, und davon, dass der Erdrutsch die Uferstraße unpassierbar gemacht und ihm zu ein paar guten Fuhren verholfen habe. Als er mich an der Straße unterhalb des Ferienhauses abgesetzt hatte und mit einem kurzen Hupen davongefahren war, hatte ich schon vergessen, wie er aussah. Ich warf einen Blick zum Bootssteg, wo die *Lavinia* heftig auf den Wellen schaukelte, dann rannte ich die Auffahrt hinauf.

Carla saß auf der Verandatreppe. Der Regen lief in feinen Rinnsalen über ihr Gesicht und an den Haaren herunter, die ihr nass auf die Schulter hingen. Sie sah aus wie an dem Morgen, als ich sie am See gesehen hatte, sie trug sogar dieselbe Bluse. Die vergangenen Tage schienen nie existiert zu haben und für einen unwirklichen Augenblick glaubte ich, sie würde mich nicht erkennen, sie würde ewig im strömenden Regen sitzen bleiben wie eine vergessene Puppe, den schwarzen See beobachten und auf etwas warten, das niemals wiederkam. Dann hob sie die Augen und sah mich an.

»Wie geht es deiner kleinen Schwester?«, fragte sie.

»Es geht ihr gut.« Ich setzte mich neben sie und berührte vorsichtig ihre Hand. Sie war eiskalt.

»Man kann die Sterne nicht mehr sehen. Gestern Abend habe ich den Schlangenträger gesucht, aber der Himmel war grau.«

»Carla –«

»Ich bin froh, dass du gekommen bist, Logo. Es ist nicht mehr ruhig. Manchmal in den letzten Tagen war es so ruhig. Aber jetzt nicht mehr.«

Ich packte sie bei den Schultern und zog sie vor mein Gesicht. *»Carla, was ist mit deinen Eltern passiert?«*

Sie runzelte die Stirn und überlegte. Dann hob sie langsam eine Hand, wischte sich den Regen aus den Augen und sah mich an. »Ich träume jede Nacht von ihnen. Jede Nacht.«

»Erzähl es mir.« Ich strich ihr eine blonde Strähne von der Wange. »War es ... war es ein Unfall?«

Sie nickte. Ihr Blick war klar, und als sie zu sprechen begann, war der tonlose Singsang, der die letzten Sätze begleitet hatte, verschwunden.

»Es war an dem Tag, als ihr die Reifenpanne mit eurem Bus hattet. Papa war wütend, wegen dem kurzen Streit mit deinem Vater. Er hat sich furchtbar darüber aufgeregt. Danach sind wir die ganze Zeit herumgefahren. Papa macht das oft, einfach so herumfahren. Am Abend waren wir schließlich in einer Stadt, ich weiß nicht, wie sie hieß. Wir sind essen gegangen und Papa hat dabei getrunken. Er war oft betrunken ... Mutti hat nichts gesagt. Manchmal haben sie tagelang nicht miteinander geredet. Manchmal war es so, als würden sie sich gar nicht kennen. Aber dann sind wir nach Hause gefahren, zurück an den See, und sie haben furchtbar gestritten. Wir fuhren über die Uferstraße, den Berg hinauf. Papa fuhr zu schnell. Er fuhr immer viel zu schnell. Und dann ...«

Ihre Stimme war leise geworden. Sie zeigte durch den Vorhang aus Regen zu dem Abhang, der als kaum erkennbarer Vorsprung in einem Kilometer Entfernung in den Waldensee ragte. Das Felsplateau hinter der Kuppe. Der Parkplatz in der Kurve ohne Leitplanken. Ich erinnerte mich an meine erste Nacht im Ferienhaus. Ich hatte im Bett gelegen und war schon fast eingeschlafen, als das Platschen ertönt war, das ich für einen ins Wasser stürzenden Felsbrocken gehalten hatte.

»Sie haben beide nicht geschrien, als der Wagen hinunterstürzte. Sie waren ganz still. Sie sind in den Sicherheitsgurten hängen geblieben, glaube ich, aber es kann auch sein, dass sie beim Aufprall auf das Wasser bewusstlos wurden. Der Wagen ging sofort unter, sofort, es dauerte keine fünf Sekunden. Es war so leise ... Ich wurde hinausgeschleudert und bin ans Ufer geschwommen. Eine Weile bin ich noch herumgelaufen. Du hast mich gesehen, zwischen den Felsen.«

Ja, ich hatte sie gesehen. Ich hatte sie gesehen und daraus die falschen Schlüsse gezogen. Aber wie hätte ich wissen oder auch nur ahnen können, was wirklich geschehen war?

»Die Tage darauf waren wie ein Traum. Es war ein Gefühl, als wäre die Zeit aus den Fugen geraten. Als ob ich schwebte. Ich brachte ihnen Blumen ... Danach wusste ich nicht, was ich tun sollte. Also tat ich so, als wäre nichts geschehen. Manchmal, wenn ich morgens aufwachte, habe ich das wirklich geglaubt. Ich habe es so fest geglaubt, dass ich sogar ihre Stimmen hörte ...«

Während des Erzählens hatte sie den Abhang nicht aus den Augen gelassen. Jetzt blickte sie mich an. »Wann hast du es herausgefunden?«

Ich dachte an den leeren Koffer und den offenen Kleiderschrank im Zimmer ihres Vaters, der voller frischer und gebrauchter Hemden gewesen war bis auf eines, an einem kalten und regnerischen Tag, an dem niemand ein Hawaii-Shirt angezogen hätte. »Ist das wichtig?«, fragte ich leise.

»Nein.« Sie sah wieder auf den See. »Bring mich zu ihnen, Logo. Ich will nicht mehr von ihnen träumen.«

Ich schüttelte den Kopf. »Das kann ich nicht. Die Straße in diese Richtung ist gesperrt. Es gab einen Erdrutsch.«

»Dann nehmen wir das Boot. Die *Lavinia*.«

»Das ist zu gefährlich. Es wird Sturm geben. Und wir haben die Rettungswesten mit nach Hause genommen.«

Sie drückte meine Hand, sanft, ohne mich dabei anzusehen. Ihre Stimme war ein Flüstern. »Ich komme zu ihnen, mit dir oder ohne dich, Logo. Bitte!«

Es war Erpressung. Es war Wahnsinn, aber ich tat es.

Ich sagte Carla nicht, dass ich keine Erfahrung darin hatte, ein Boot bei solchem Wetter zu steuern, ich sagte ihr nicht, dass wir kentern konnten. Der Himmel war eine schiefergraue Fläche, als wir zum Bootssteg gingen, und der See wogte unruhig, als läge er in Ketten und warte darauf, sich loszureißen. Carla saß schweigend im Bug der *Lavinia*, eine kleine Galionsfigur mit einem traurigen Profil, während ich das Großsegel setzte.

Ich versuchte mir vorzustellen, was sie durchgemacht und empfunden hatte. Die Mischung aus Schock und Erleichterung darüber, dass ihr Vater ihr nun nichts mehr anhaben und ihre Mutter sie nicht mehr im Stich lassen konnte. Die Schuldgefühle, die sie angesichts dieser Erleichterung verspürt haben musste, obwohl sie am Tod der Eltern unschuldig war. Die Panik, plötzlich allein zu sein, irgendwo an einem See, weit fort von zu Hause. Die Angst davor, sich jemandem anzuvertrauen, weil sie nicht wusste, was danach mit ihr geschehen würde. Ich fragte mich, wie viele Zeichen es gegeben hatte, von denen ich nicht eines rechtzeitig bemerkt hatte. Aber rechtzeitig wofür und um was zu tun?

Das Großsegel war oben. Ich hatte es durch Reffen verkleinert um dem Wind weniger Angriffsfläche zu bieten. Die Fock zu setzen wollte ich gar nicht erst riskieren.

»Wir können los«, sagte ich. Carla nickte. Ich löste die Leine am Steg und nach zwei Versuchen mit mehr Glück als Verstand schaffte ich es abzulegen. Die *Lavinia* begann zu schlingern, aber der Wind kam relativ gleichmäßig aus einer Richtung. Der Regen hatte nachgelassen und nach einer halben Minute war ich sicher, dass wir es bis zum Abhang und zurück schaffen konnten. Es war heftigerer Seegang, als ich ihn je zuvor mitgemacht hatte, aber ich hatte Freunde, die sich noch mehr zugetraut hätten als das.

Carla ließen die Wellen, die ab und zu wie neugierige Tiere über Bord schwappten, unbeeindruckt. Sie hielt sich mit einer Hand am Mast fest und starrte weiter geradeaus.

Und während ich die nasse Bluse betrachtete, die wie eine zweite Haut auf Carlas zerbrechlichem Rücken klebte und die purpurfarbenen Striemen verbarg, begriff ich plötzlich, was mich an sie fesselte, seit ich sie zum ersten Mal gesehen hatte. Das, was ich für ein unsichtbares Band gehalten hatte, war nicht mehr als der Wunsch, Carla zu beschützen. Ich wollte sie so beschützen, wie ich auch Husch und Margarethe beschützen wollte. Ich wollte die Furcht und das Leid und den Schmerz verhindern, die das Leben für alle Menschen bereithält, und ich fühlte, wie mir die Tränen in die Augen stiegen, als mir bewusst wurde, dass dieser Wunsch niemals in Erfüllung gehen konnte.

Der Wind wurde stärker. Ich dachte an Fallböen, aber das hier waren keine Böen. Es waren die ersten Ausläufer eines Sturms und wenn wir uns nicht beeilten, würden wir mitten hineingeraten. Ich hatte die Entfernung unterschätzt und vergessen, wie lange es dauert, ein Ziel zu erreichen, wenn man gegen den Wind kreuzen muss. Wir waren dem Abhang schon näher gekommen, aber es ging mir nicht schnell genug. Trotzdem wagte ich nicht die *Lavinia* ganz in den Wind zu legen aus Angst, dann die Kontrolle zu verlieren. Ich hatte keine Ahnung, wie lange ein Sturm brauchte, ehe er zu voller Stärke angewachsen war. In den nächsten Minuten nahm der Wind nicht zu und die Wellen schlugen nicht höher, aber zum ersten Mal hatte ich das Gefühl, mich auf etwas eingelassen zu haben, das mich überforderte.

Carla hielt sich am Bootsrand fest, den Blick gebannt auf den Abhang gerichtet. Der Wind peitschte durch ihre Haare und zerrte an ihrer Kleidung, vom Bug gebrochenes Wasser spritzte als Gischt gegen ihre Brust, aber sie bemerkte es nicht.

Die erste Sturmböe kam plötzlich und traf die *Lavinia* von rechts. Sie warf mich fast über Bord. Ich hielt mich an der Schot fest, zog im Fallen das Segel an mich heran und das Boot kippte sofort wieder in seine Ausgangslage. Ich spuckte Wasser und schrie nach Carla, die ich aus den Augen verloren hatte. Dann fühlte ich, wie sie sich an mich presste. Die zweite Böe kam und warf mich nach vorn und die *Lavinia* schlingerte heftig und unkontrolliert.

Lass die Leinen los! hörte ich Paps sagen. *Lass im Notfall die Leinen los! Das ist nicht immer das Richtige, aber es ist fast niemals falsch.*

»Bleib auf dem Boden!«, schrie ich Carla an. Dann ließ ich die Schot los. Tauwerk schlug in mein Gesicht und ich wich nur knapp dem nach links und rechts schlagenden Baum aus, der das wie wahnsinnig schlackernde Segel hielt. Dann setzte der Wind wieder aus, so plötzlich, dass nur die von allen Seiten gegen die Jolle krachenden Wellen von dem Sturm kündeten, der den

See in ein kochendes Meer verwandelt hatte. Ich überlegte fieberhaft, wie ich es schaffen konnte, das Segel einzuholen, als Carla sich plötzlich aufrappelte.

»Bleib liegen!« Ich kroch auf sie zu um sie festzuhalten, aber sie stellte sich in den Sturm, eine aufrechte Gestalt vor der wirbelnden Dunkelheit und dem zu einer gigantischen Wand angewachsenen Abhang, auf den die *Lavinia* mit irrsinniger Geschwindigkeit zutrieb.

»Sie sind hier!«, rief sie. »Hier, genau unter uns!« Und dann schrie sie in den Wind und in das rasende Wasser, sie schrie und schrie und riss dabei die dünnen Arme hoch, als wolle sie einen unsichtbaren Feind abwehren. »Lasst mich in Ruhe! Hört ihr? Lasst mich endlich in Ruhe! Ich hasse euch! *Ich hasse euch!*«

Die nächste Böe fegte heran und schleuderte sie über Bord wie ein Stück Papier. Ich sah sie auf dem Wasser aufschlagen, eine helle Gestalt, die lautlos in den Wellen versank.

»Nein!«

Ich stieß mich mit aller Kraft ab und sprang. Stechender Schmerz bohrte sich in meinen linken Fuß, als ich damit gegen die Bordwand schlug. Dann legte sich eisige Kälte wie eine stählerne Faust um meinen Körper und presste mir den Atem aus den Lungen, als ich die Oberfläche des Wassers durchbrach. Ich ging unter und verlor sofort die Orientierung. Ich ruderte wild und stieß mit beiden Händen in die Schwärze, meine Finger berührten etwas Weiches und für einen entsetzlichen Moment dachte ich an Carlas Eltern, die mir aus dem weißen Sportwagen die Hände entgegenstreckten um doch noch aus der Tiefe gezogen zu werden, festgehalten von den Gurten, die Haare wogend in einem grotesken Unterwasserballett. Dann spuckte der See mich wieder aus.

Die Perspektive war vollkommen verzerrt. Vor mir erhoben sich Wellen, türmten sich auf und wurden so hoch wie Berge, hoch wie der Abhang, gegen dessen Fuß die *Lavinia* nur zehn Meter von mir entfernt prallte und mit einem hässlichen Krachen zerschellte. Ich sah, wie der Mast mit dem Segel sich einmal aufbäumte, nach oben katapultiert wurde und sich wie Halt suchend in die Felswand krallte, bevor er versank. Ich schluckte Wasser und hustete und schluckte wieder Wasser und plötzlich tauchte Carla neben mir auf. Ich fasste sofort zu.

»Halt still!«

Ich wusste nicht, ob sie mich hörte. Ich wusste nicht einmal, ob sie bei Bewusstsein war. Sie hing schlaff in meinen Armen, leichter, als ich es erwartet hätte. Ich versuchte ruhig zu atmen, durch das aufgewühlte Wasser einen Blick auf das Ufer zu erhaschen und gleichmäßige Schwimmzüge zu machen. Aber ich sah nichts außer schäumenden Wellen, hörte nichts als den kreischenden Wind und ich schlug um mich und paddelte richtungslos durch die Schwärze, ständig darauf bedacht, Carlas Kopf über Wasser zu halten.

Es war Zufall, dass ich das Ufer erreichte, und ich war am Ende meiner Kräfte, als ich es endlich geschafft und uns zwischen zwei scharfkantigen Felsen aus dem See gezogen hatte. Ich ließ mich neben Carla zu Boden fallen, schlug dabei mit der Stirn gegen einen Stein und spürte es kaum. Ich hatte angenommen, dass sie ohnmächtig war, aber als ich mich über sie beugte und die nassen Haare aus ihrem Gesicht strich, öffnete sie die Augen. Die Trauer und die Angst, die ich darin entdeckte, brachen mir beinahe das Herz. Ich schob meine Arme unter ihren Oberkörper und hob sie hoch. Sie hustete und keuchte und dünne Speichelfäden rannen aus ihren Mundwinkeln.

»Es wird alles wieder gut«, murmelte ich. »Es wird alles wieder gut.«

Es war die alte Zauberformel, mit der ich Margarethe über ein aufgeschlagenes Knie tröstete, mit der ich Husch die Enttäuschung nahm, wenn er ein Spielzeug verloren hatte, das er nicht mehr wiederfand. Und wie so viele alte Zauberformeln war auch diese eine Lüge.

Carla schüttelte langsam den Kopf. Sie presste sich eng an mich und zitterte, ich spürte ihre kalten Lippen auf meiner Haut und ich hörte ihr Wimmern, bevor es vom Wind davongetragen wurde.

»Ich hab es mir so oft gewünscht, dass sie tot sind, und jetzt sind sie tot und ich vermisse sie so sehr und ich will sie wiederhaben, o bitte, bitte, lieber Gott, ich will sie wiederhaben!«

Ich setzte mich mit dem Rücken gegen einen der Felsen und zog sie so eng an mich, wie ich nur konnte. Aus weiter Ferne näherten sich die Schreie aufgeregter Menschen, aber ich schenkte ihnen keine Beachtung. Ich hielt Carla fest in den Armen, ich wiegte sie und streichelte sie und starrte hinaus auf den tosenden See und ich betete, dass Oma Recht hatte und es immer Hoffnung gab.